서울대 한국어+ Workbook

서울대학교 언어교육원 지음

장소원 | 이정덕 | 연준흠 | 장은정

4B

머리말
Preface

　《서울대 한국어⁺ Workbook 4B》는 《서울대 한국어⁺ Student's Book 4B》의 부교재로, 주교재로 이루어지는 학습을 보완하기 위해 개발되었습니다. 어휘, 문법과 표현을 다양한 상황 속에서 연습해 보고 복습 단원을 통해 종합적으로 정리해 볼 수 있도록 하였습니다.

　어휘는 실생활에서 활용할 수 있도록 담화 상황을 고려하여 문제를 구성하였고, 문법과 표현을 묻는 문제는 정확성과 유창성 향상에 초점을 맞췄습니다. 다양한 맥락에서 어휘, 문법과 표현의 정확한 의미를 익히고 학습자 스스로 유의미한 담화를 구성할 수 있도록 집필하였습니다.

　또한 세 단원마다 복습 단원을 배치함으로써 학습 내용을 점검하고 정리할 수 있도록 하였습니다. 복습 단원은 말하기, 듣기, 읽기, 쓰기, 발음으로 구성하였습니다. 말하기 활동은 이미 학습한 어휘, 문법과 표현을 확인하고 이를 활용해 유창성을 기를 수 있도록 하였습니다. 듣기와 읽기는 주교재의 주제와 기능을 확장한 문제를 통해 학습자 스스로 이해 능력을 점검할 수 있도록 하였습니다. 쓰기는 정확성을 기를 수 있는 간단한 문장, 담화 완성 활동과 주어진 주제로 짧은 글을 완성할 수 있는 활동으로 구성하였습니다. 마지막으로 발음은 주교재에서 학습한 내용을 정리하고 연습할 수 있도록 하였습니다.

　이 책이 나오기까지 정말 많은 분들의 수고가 있었습니다. 서울대학교 국어국문학과 장소원 교수님은 《서울대 한국어⁺》 1~6급 교재의 기획, 교재 개발을 위한 사전 연구와 집필, 출판에 이르는 전체적인 과정을 총괄해 주셨고, 4급 교재의 집필을 총괄한 이정덕 선생님을 비롯해서 연준흠, 장은정 선생님은 오랜 기간 원고 집필뿐 아니라 편집, 출판 작업을 꼼꼼하게 진행해 주셨습니다. 또한 4급 워크북의 감수를 맡아 주신 안경화 교수님, 워크북 내용을 검토해 주신 신필여, 우재영 선생님의 도움이 없었다면 지금과 같은 책의 완성도를 기대하기 어려웠음을 잘 알고 있습니다. 깊이 감사드립니다. 영어 번역을 맡아 주신 이소명 번역가 그리고 멋진 삽화 작업으로 빛나는 책을 만들어 주신 ㈜예성크리에이티브 분들께도 감사드립니다. 또 녹음을 담당해 주신 성우 이상운, 조경아 선생님과 2022년 여름학기에 새 교재의 시범 단원으로 수업을 하신 후 소중한 의견을 주신 4급 정규반의 민정원, 김미연, 김현경, 박영지, 신필여, 이정화, 진문이, 최유리 선생님께도 진심으로 감사의 말씀을 드립니다. 마지막으로 학술 도서와 전혀 성격이 다른 한국어 교재의 출판을 결정하고 물심양면으로 지원해 주신 서울대학교출판문화원 이경묵 원장님과, 밤낮을 가리지 않고 고생을 감수하신 실무진 여러분들께도 깊이 감사드립니다.

2023년 6월
서울대학교 언어교육원 원장
장윤희

SNU Korean⁺ Workbook 4B is a supplementary material to complement *SNU Korean⁺ Student's Book 4B*. Learners can practice Vocabulary, Grammar & Expression in a variety of situations and comprehensively learn through the review units.

Vocabulary questions are designed to be used in real-life settings, while Grammar & Expression questions are focused on improving accuracy and fluency. The workbook is intended so that the learner may independently acquire the meaning of Vocabulary, Grammar & Expression in a variety of situations and compose meaningful dialogue.

Furthermore, review units are set up for each of the three units, allowing the learning information to be checked and organized. The review unit includes Speaking, Listening, Reading, Writing, and Pronunciation. Speaking is intended to check previously learned Vocabulary, Grammar & Expression as well as to increase fluency. For Listening and Reading, the learner can check their comprehension skills through questions that expand the topics and functions of the Student's Book. Writing consists of increasing accuracy by completing simple sentences and discourses to develop accuracy on a given topic. Lastly, Pronunciation is designed to organize and practice the contents learned in the Student's Book.

A lot of dedication went into the publication of this book. I would like to express my sincere gratitude to everyone who contributed to this project. Thank you to Seoul National University Professor Chang Sowon at the Department of Korean Language and Literature, for overseeing the entire project, beginning with the preliminary research for the development of *SNU Korean⁺* Levels 1-6, Seoul National University LEI Instructor Lee Jeongdeok, for supervising the authoring of Level 4, and Seoul National University LEI Instructors Yeon Joonheum and Chang Eunjung, for writing, reviewing, and editing the manuscript to produce the overall completion of *SNU Korean⁺* Level 4. My deepest thanks to former Seoul National University LEI Professor Ahn Kyunghwa, and Seoul National University LEI Instructor Shin Pilyeo, Woo JaeYoung because the Level 4 Workbooks could not have been developed without their help. Thanks to translator Lee Susan Somyung and the YESUNG Creative artists for the stunning illustrations. Many thanks to the voice actors Lee Sangun and Cho Kyung-ah, along with Seoul National University LEI Level 4 Instructors Min Jungwon, Kim Meeyun, Kim Hyunkyung, Park Youngjee, Shin Pilyeo, Lee Junghwa, Jin Moone, and Choi Yoori, who provided insightful feedback after using the sample unit as a pilot in the summer semester of 2022. Lastly, a special thanks to Seoul National University Press Director Lee Kyungmook for providing financial and spiritual support and deciding to publish these Korean textbooks, as well as everyone for working tirelessly on this project.

June 2023
Jang Yoonhee
Executive Director
Language Education Institute, Seoul National University

일러두기 How to Use This Book

《서울대 한국어+ Workbook 4B》는 《서울대 한국어+ Student's Book 4B》의 부교재로 10~18단원과 복습 4~6으로 구성되었다. 각 단원은 두 개의 과로 구성되며 각 과는 '어휘' 연습, '문법과 표현' 연습으로 이루어져 있다. 복습은 '말하기, 듣기, 읽기, 쓰기, 발음'으로 구성되어 있다.

SNU Korean+ Workbook 4B is a supplementary material to compliment the *SNU Korean+ Student's Book 4B*, and it is made up of Units 10-18 and Reviews 4-6. Each unit consists of two lessons, and each lesson has Vocabulary Practice and Grammar & Expression Practice. The review consists of Speaking, Listening, Reading, Writing, and Pronunciation.

각 단원에서 학습 목표로 삼는 '어휘'와 '문법과 표현'을 제시하여 학습할 내용을 파악할 수 있도록 하였다.

The Vocabulary and Grammar & Expression selected for learning goals in each unit are presented to introduce the material.

어휘 Vocabulary

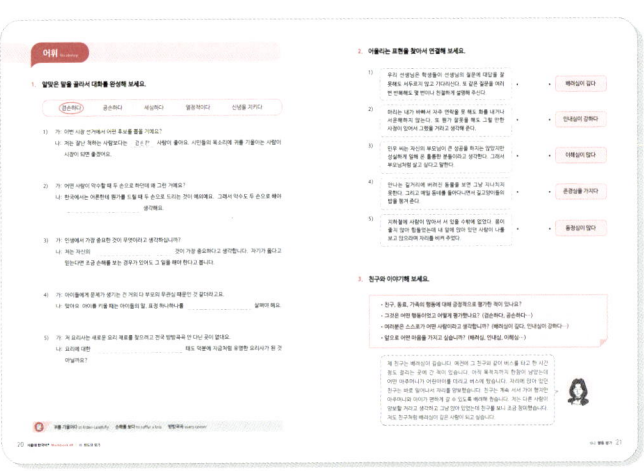

주제별로 선정된 목표 어휘의 의미를 확인하고, 사용법이나 연어 관계 등을 익히며, 문장이나 대화 단위의 어휘 연습을 통해 어휘 사용 능력을 향상시킨다.

Vocabulary to confirm the usage situation of the selected target vocabulary for each topic and understand the meaning of the vocabulary through conversations, sentences, or discourse are offered. Also, vocabulary usage skills are improved through meaningful practices.

문법과 표현 Grammar & Expression

문법과 표현의 의미와 사용 상황을 익힐 수 있도록 대화, 문장, 텍스트 단위에서 내용을 파악하고 완성하는 연습으로 구성하였다. 또한 말하기 연습을 위해 문법과 표현을 활용하여 학습자들이 스스로 짧은 담화를 생성할 수 있도록 하였다.

Practice exercises are divided into conversational, sentence, and text units to help learners understand the meaning of grammar & expression, and use cases. Moreover, learners can practice speaking and creating short discourses using grammar & expression.

대화 연습 Conversation Practice
제시어나 그림을 활용하여 짧은 대화를 완성한다.

Learners complete short conversations by using the suggested words or pictures.

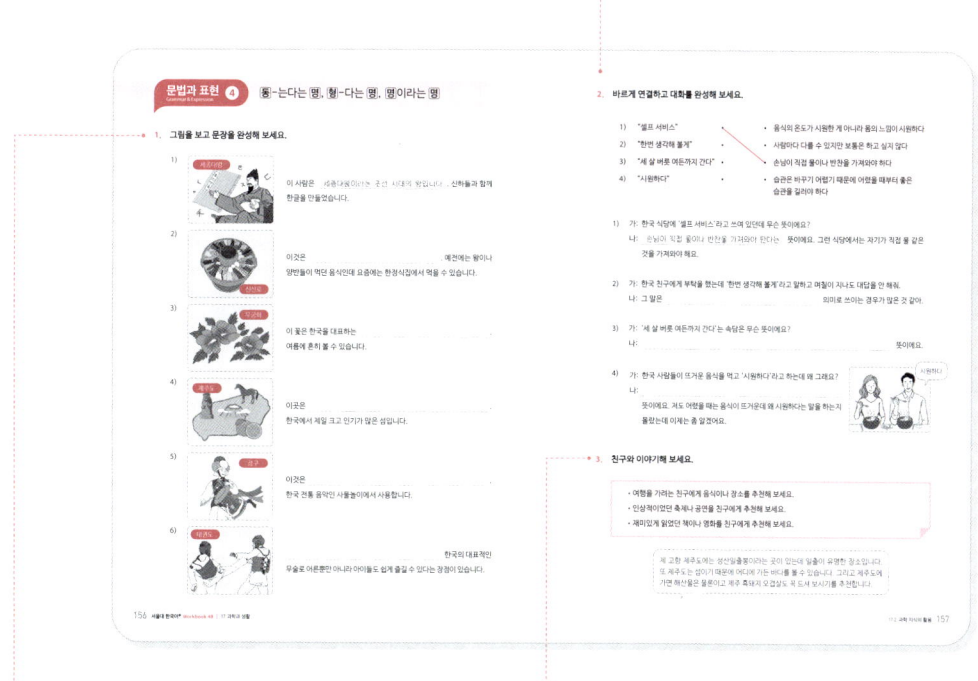

문장 연습 Sentence Practice
제시어, 그림, 문장을 해석하여 짧은 문장을 완성한다.

Learners complete short sentences by interpreting the suggested words, pictures, and sentences.

유의미한 연습 Meaningful Practice
제시된 상황 또는 질문에 맞게 학습자 자신의 생각과 경험에 대해 이야기해 본다.

Learners talk about their thoughts and experiences according to the situation or question.

복습 Review

세 단원마다 제시되는 복습에서는 각 단원에서 학습한 내용과 연계하여 말하기, 듣기, 읽기, 쓰기, 발음을 영역별로 복습할 수 있도록 구성하였다.

Review consists of exercises every three units in relation to the materials learned in each section — Speaking, Listening, Reading, Writing, and Pronunciation — to help with practice.

말하기 Speaking

목표 어휘 및 목표 문법과 표현 목록을 제시하여 앞선 세 단원에서 학습한 내용을 확인할 수 있도록 하였다. 어휘, 문법과 표현을 활용한 말하기 활동을 통해 학습자 간에 소통하고 유창성을 기를 수 있도록 구성하였다.

Speaking is composed of a list of target vocabulary, grammar & expression from the previous three units. Speaking activities that use vocabulary, grammar & expression help learners improve their communication and fluency.

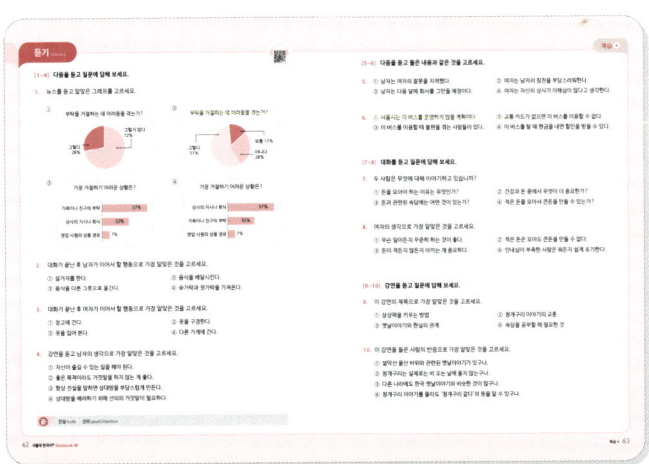

듣기 Listening

학습한 주제, 어휘, 문법과 표현에 관련된 다양한 내용의 듣기 자료를 문제와 함께 제공하여 학습자의 이해 능력과 듣기 유창성을 향상시키고자 하였다.

The learner's comprehension and listening fluency will be improved by providing various listening materials related to the topic, vocabulary, grammar & expression.

읽기 Reading

학습한 주제, 어휘, 문법과 표현에 관련된 다양한 내용의 읽기 자료를 문제와 함께 제공하여 학습자의 이해 능력과 읽기 유창성을 향상시키고자 하였다.

Reading consists of various reading materials related to topic, vocabulary, grammar & expression along with questions to improve comprehension and reading fluency.

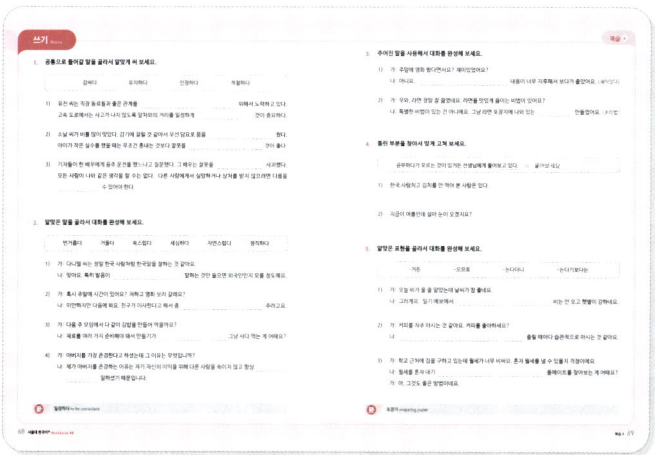
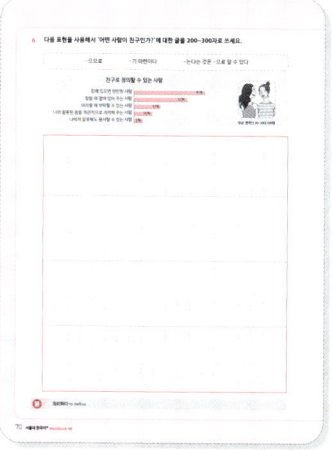

쓰기 Writing

정확성과 유창성을 기를 수 있도록 대화, 문장 단위 완성형 쓰기와 짧은 글쓰기 연습으로 구성하였다.

Writing consists of sentence and conversation completion as well as short writing practices to improve accuracy and fluency.

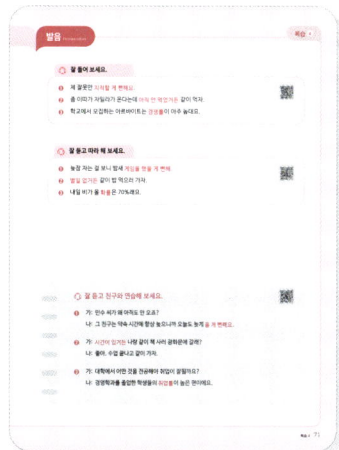

발음 Pronunciation

주교재에서 학습한 발음을 정리하고 연습을 통해 정확성을 향상시키도록 구성하였다.

Pronunciation consists of reviews and exercises of the materials learned in the Student's Book to improve accuracy.

부록 Appendix

'듣기 지문'과 '모범 답안'으로 구성된다.
The appendix consists of the Listening Script and Answer Key.

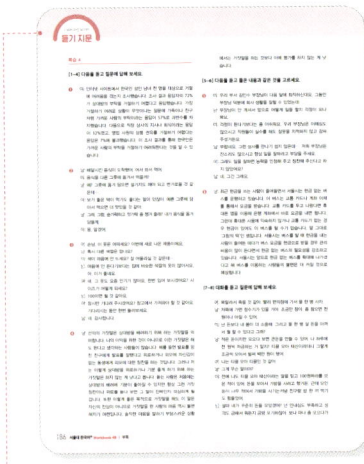
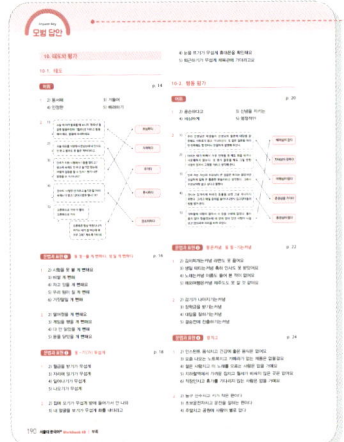

모범 답안 Answer Key

각 과의 '어휘, 문법과 표현' 문제, 복습의 '듣기, 읽기, 쓰기' 문제에 대한 모범 답안을 제공한다.

The answers are provided for each lesson's questions on Vocabulary, Grammar & Expression as well as the review for Listening, Reading, and Writing.

듣기 지문 Listening Script

복습 듣기의 지문을 제공한다.

The scripts for the listening review are provided.

차례
Table of Contents

머리말 Preface	• 2
일러두기 How to Use This Book	• 4
교재 구성표 Scope and Sequence	• 10

10단원 태도와 평가 Attitude & Assessment
- 10-1. 태도 Attitude · 14
- 10-2. 행동 평가 Behavioral Assessment · 20

11단원 대인 관계 Human Relationship
- 11-1. 부탁과 거절 Request & Refusal · 28
- 11-2. 사회생활 Social Life · 34

12단원 옛날이야기의 교훈 Morals from Old Stories
- 12-1. 속담과 생활 Proverbs & Life · 44
- 12-2. 옛날이야기 Old Stories · 51

복습 4 Review 4 · 58

13단원 논란거리 Controversies
- 13-1. 사회 문제 Social Issues · 74
- 13-2. 의견과 비판 Opinions & Criticisms · 80

14단원 언어와 생활 Language & Life
- 14-1. 다양한 언어 사용 Various Language Usage · 88
- 14-2. 흥미로운 언어 Interesting Languages · 94

15단원 소중한 환경 Precious Environment
- 15-1. 환경 문제와 원인 Environmental Issues & Causes · 102
- 15-2. 환경 보호 Environmental Protection · 108

복습 5 Review 5 · 114

16단원 동물과 식물 Animals & Plants
- 16-1. 반려동물의 의미 Meaning of Companion Animals · 130
- 16-2. 멸종과 보호 Extinction & Protection · 136

17단원 과학과 생활 Science & Life
- 17-1. 일상생활 속 과학 Science in Everyday Life · 144
- 17-2. 과학 지식의 활용 Use of Scientific Knowledge · 150

18단원 잊지 못할 인연 Unforgettable Connections
- 18-1. 소중한 인연 Precious Connections · 160
- 18-2. 추억 Memories · 166

복습 6 Review 6 · 172

부록 Appendix
듣기 지문 Listening Script · 186
모범 답안 Answer Key · 190

교재 구성표
Scope and Sequence

단원 제목 Unit Title		어휘 Vocabulary	문법과 표현 Grammar & Expression
10. **태도와 평가** Attitude & Assessment	10-1. 태도 Attitude	긍정적 태도, 부정적 태도 Positive attitude, Negative attitude	• 동형-을 게 뻔하다, 명일 게 뻔하다 • 동-기(가) 무섭게
	10-2. 행동 평가 Behavioral Assessment	성격과 행동 ①, '-심' Personality and behavior ①, '-심'	• 명은커녕, 동형-기는커녕 • 명치고
11. **대인 관계** Human Relationship	11-1. 부탁과 거절 Request & Refusal	부탁과 거절, 부탁하기/거절하기 어려운 이유 Request and refusal, The reason why making a request/refusal is difficult	• 동형-거든 • 동-는다기보다는, 형-다기보다는 명이라기보다는
	11-2. 사회생활 Social Life	성격과 행동 ②, '-스럽다' Personality and behavior ②, '-스럽다'	• 명대로, 동-는 대로 • 동형-으므로, 명이므로
12. **옛날이야기의** **교훈** Morals from Old Stories	12-1. 속담과 생활 Proverbs & Life	속담 Proverbs	• 동-는다더니, 형-다더니 명이라더니 • 설마 동형-겠어(요)?
	12-2. 옛날이야기 Old Stories	이야기의 내용과 교훈, '-같다' Morals, '-같다'	• 동-는다는 것은 명으로 알 수 있다 형-다는 것은 명으로 알 수 있다 명이라는 것은 명으로 알 수 있다 • 동형-기 마련이다
복습 4 Review 4			
13. **논란거리** Controversies	13-1. 사회 문제 Social Issues	논란, 문제 해결 과정과 방법 Controversy, Issue resolution process and method	• 동-는지 동-는지, 형-은지 형-은지 명인지 명인지 • 동형-을지도 모르다, 명일지도 모르다
	13-2. 의견과 비판 Opinions & Criticisms	문제 상황과 의견, '불-' Issues and opinions, '불-'	• 명과 달리 • 동-느니 (차라리)
14. **언어와 생활** Language & Life	14-1. 다양한 언어 사용 Various Language Usage	'-말/-어', 언어 사용 찬반, '-말/-어', Pros and cons of languages	• 동-는 데다가, 형-은 데다가, 명인 데다가 • 동-기는 하는데, 형-기는 한데 명이기는 한데
	14-2. 흥미로운 언어 Interesting Languages	언어 습관과 말하는 방식, 말의 사용 Language habits and manners of speaking, Word usage	• 명에 비해(서) • 명이며 명이며

단원 제목 Unit Title		어휘 Vocabulary	문법과 표현 Grammar & Expression
15. 소중한 환경 Precious Environment	15-1. 환경 문제와 원인 Environmental Issues & Causes	환경 문제, 환경 오염의 원인 Environmental issues, Causes of environmental pollution	• 동-다가는 • 동-는 사이(에)
	15-2. 환경 보호 Environmental Protection	환경 보호 방법, '-되다/-하다' Environmental protection methods, '-되다/-하다'	• 명으로 인해(서) • 동-을 것이/게 아니라
복습 5 Review 5			
16. 동물과 식물 Animals & Plants	16-1. 반려동물의 의미 Meaning of Companion Animals	반려동물의 장단점, '-성' Pros and cons of companion animals, '-성'	• 동-어 대다 • 동형-더라도
	16-2. 멸종과 보호 Extinction & Protection	동물과 식물, 동물과 식물의 보호 Animals and plants, Animal and plant protection	• 명에 의해(서) • 명마저
17. 과학과 생활 Science & Life	17-1. 일상생활 속 과학 Science in Everyday Life	과학에 대한 태도, 유전 Attitude towards science, Genes	• 동-고도 • 명이 아니라, 동-는 게 아니라 　형-은 게 아니라, 명인 게 아니라
	17-2. 과학 지식의 활용 Use of Scientific Knowledge	생활 속 과학, '-력' Science in life, '-력'	• 명뿐이다, 동형-을 뿐이다 　명일 뿐이다 • 동-는다는 명, 형-다는 명 　명이라는 명
18. 잊지 못할 인연 Unforgettable Connections	18-1. 소중한 인연 Precious Connections	인연과 만남, 변화 Relationships and encounters, Change	• 동형-었더라면, 명이었더라면 • 동형-기는(요)
	18-2. 추억 Memories	추억과 기억, '-받다' Memories and recollections, '-받다'	• 동형-었었-, 명이었었- • 동-곤 하다
복습 6 Review 6			

10

태도와 평가
Attitude & Assessment

10-1 태도

10-2 행동 평가

10-1	어휘	긍정적 태도, 부정적 태도
	문법과 표현	동형-을 게 뻔하다, 명일 게 뻔하다
		동-기(가) 무섭게
10-2	어휘	성격과 행동 ①, '-심'
	문법과 표현	명은커녕, 동형-기는커녕
		명치고

어휘 Vocabulary

1. 알맞은 말을 골라서 대화를 완성해 보세요.

> 감싸다   거들다   배려하다   인정하다   용서하다

1) 가: 미선 씨는 학교 다닐 때 만난 사람 중에 누가 가장 기억에 남아요?
   나: 중학교 때 선생님이 제 실수를 아무도 모르게 __감싸__ 주셨어요. 그 선생님이 너무 고맙고 가장 기억에 남아요.

2) 가: 누군데 그렇게 반갑게 인사를 해? 아는 사람이야?
   나: 이웃집 아주머니인데 어렸을 때 내가 장난이 심해서 옆집 유리창도 깨고 잘못도 많이 했거든. 그런데 저분은 화도 안 내고 내 잘못을 다 _____ 주셨어.

3) 가: 유진 씨, 고마워요. 지난번에 신발 사이즈가 안 맞아서 교환할 때 유진 씨가 옆에서 _____ 준 덕분에 문제가 잘 해결됐어요.
   나: 고맙기는요. 다니엘 씨가 다 이야기했고 저는 조금 더 설명을 한 거죠.

4) 가: 저 식당은 아직 점심시간도 안 됐는데 줄이 기네요.
   나: 저 식당 안 가 봤어요? 다들 맛있다고 하던데. 우리 친구들도 모두 _____ 맛집이에요.

5) 가: 버스나 지하철에 분홍색으로 표시된 자리는 뭐예요?
   나: 그 자리는 임신부를 _____ 위해서 만든 자리예요. 그래서 사람들은 보통 그 자리에 앉지 않고 비워 놓아요.

임신부 pregnant woman

2. 어울리는 표현을 찾아서 연결해 보세요.

1) 소날 씨, 아까 발표할 때 보니까 '한라산'을 잘못 발음하던데 '[할라산]'이라고 발음해야 해요. 발음에 주의하세요. • • 의심하다

2) 오늘 테오를 식당에서 만났는데 내 인사도 안 받고 불러도 못 들은 척하더라고. • • 지적하다

3) 민우가 이번 시험에서 1등을 했다고? 평소에 숙제도 안 하고 놀기만 했는데 어떻게 일등을 할 수 있지? 뭔가 나쁜 방법을 쓴 거 아니야? • • 우기다

4) 진수야, 너 방은 안 치우고 놀기만 할 거야? 숙제는 다 했고? 강아지 밥은 줬니? 어? • • 무시하다

5) 오른쪽으로 가야 더 빨라. 오른쪽으로 가자.

오른쪽은 항상 막힌다니까. 여기는 내가 잘 아는데 왜 자꾸 그래? 계속 쭉 가야 돼. • • 잔소리하다

3. 다음 상황에서 어떻게 행동할지 친구와 이야기해 보세요.

- 친구나 동료가 나보다 발표를 잘했을 때
- 친구나 가족이 내 물건을 빌려 가서 잃어버렸을 때
- 친구나 동료가 선생님이나 상사에게 야단을 맞고 있을 때

친구나 동료가 나보다 발표를 잘했을 때 어떻게 할 거예요?

저는 친구의 능력을 인정하고, 진심으로 칭찬해 줄 거예요.

문법과 표현 1 　동형-을 게 뻔하다, 명일 게 뻔하다

1. **대화를 완성해 보세요.**

   1) 가: 우리 이 영화 보는 게 어때? 재미있을 것 같은데?
      나: 영화에 출연하는 배우들을 보니까 <u>재미없을 게 뻔해</u>. 연기 잘하는 배우가 한 명도 없잖아.

   2) 가: 내일 시험 본다면서요? 잘 볼 수 있지요?
      나: 공부를 하나도 못했으니까 _____.

   3) 가: 이 휴대폰 좋아 보인다. 사진도 예쁘게 찍히고. 사고 싶은데 비쌀까?
      나: 이 휴대폰은 새로 나온 거니까 _____.

   4) 가: 나나 씨는 왜 아직도 안 올까요? 약속 시간이 지났는데.
      나: 나나 씨는 아침마다 늦잠을 자니까 지금도 _____.

   5) 가: 내일 경기에서 우리 팀이 이길 수 있을까?
      나: 상대 팀에 실력이 좋은 선수가 많으니까 _____.

   6) 가: 혜진이가 일이 생겨서 내일 모임에 못 나온다고 하는데 정말일까?
      나: 지난번에도 그렇게 말했는데 사실이 아니었잖아. 그 말은 _____.

2. **대화를 완성해 보세요.**

   1) 가: 냉장고에 케이크가 있다고 하지 않았어? 아까 냉장고 열어 보니까 없던데….
      나: 분명히 어제 넣어 놓았는데. 거기 없으면 제니가 <u>먹었을 게 뻔해</u>.

   2) 가: 유진 씨의 시험 결과가 오늘 나오지요? 합격했을까요?
      나: 아까 유진 씨를 만났는데 표정이 안 좋더라고요. 시험에 _____.

3) 가: 테오 씨가 수업 시간에 계속 자고 있네요.
   나: 요즘 컴퓨터 게임을 하느라고 밤에 잠을 잘 안 잔다더라고요.
      어젯밤에도 _____.

4) 가: 하이 씨가 그 책을 다 읽었을까? 우리 내일까지 과제를 내야 되잖아.
   나: 그 책을 아직 _____. 아까 책 내용에 대해 물어봤는데 대답을 전혀 못하더라고.

5) 가: 배가 계속 아파서 아무래도 병원에 가야 할 것 같아요. 지금 7시인데 아직 문이 열려 있을까요?
   나: 집 근처 병원은 6시까지니까 _____. 응급실에 가 보는 게 어때요?

3. 다음 상황에 맞게 친구와 이야기해 보세요.

- 점심시간에 부장님은 항상 한식을 먹자고 한다.
- 남자 친구와 내일 영화를 보러 가기로 했다. 남자 친구는 액션 영화를 너무 좋아한다.
- 친구들과 밤늦게까지 놀다 보니까 12시가 넘었다. 집에 가는 버스가 아직 있을지 걱정이다.
- 숙제 제출일이 어제까지였는데 아직 숙제를 하지 못했다. 숙제 점수를 받을 수 있을지 걱정이다.

오늘 점심 뭐 먹을까? 부장님이 같이 먹자고 하시는데 오늘도 한식을 먹자고 하실까?

부장님은 또 한식을 먹자고 할 게 뻔해.

문법과 표현 2 동-기(가) 무섭게

1. 그림을 보고 대화를 완성해 보세요.

1)

가: 손이 왜 그래요? 다쳤어요?
나: 빨리 가려고 신호등에 파란불이 <u>켜지기가 무섭게</u> 뛰어가다가 넘어졌어요.

2)

가: 회사 다닌 지 1년 정도 됐죠? 저축은 좀 했어요?
나: 아니요. 저축은 생각할 수도 없어요. _____ 다 써 버리거든요.

3)

가: 이 식당은 음식이 정말 빨리 나와요. 메뉴가 한 가지밖에 없어서 자리에 앉으면 바로 음식을 가져다 줘요.
나: 우와, 정말이네요. _____ 음식이 나왔어요.

4)

가: 엄마, 형은 어디 갔어요?
나: 형은 오늘 데이트 간다면서 _____ 씻고 밖에 나갔어.

5)

가: 오늘 날씨가 정말 추운가 봐요. 방금 산 커피인데 하나도 안 뜨거워요.
나: 네. 오늘 영하 17도라던데요. 제 커피도 커피숍에서 _____ 식어 버렸어요.

2. 바르게 연결하고 대화를 완성해 보세요.

1) 쉬는 시간이 되다 • • 체육관에 가다
2) 집에 오다 • • 밖에 나가다
3) 내 얼굴을 보다 • • 방에 들어가서 안 나오다
4) 눈을 뜨다 • • 화를 내다
5) 퇴근하다 • • 휴대폰을 확인하다

1) 가: 닛쿤 씨는 어디 갔어요? 수업이 시작됐는데 왜 안 와요?
   나: 글쎄요. 쉬는 시간이 되기가 무섭게 밖에 나갔는데 아직 안 왔어요.

2) 가: 엄마, 언니 안 왔어요?
   나: 아까 왔어. 학교에서 무슨 일이 있었는지 _____.

3) 가: 소날 씨하고 무슨 일 있어?
   나: 나도 잘 모르겠어. 아까 _____.
      그래서 왜 그러냐고 물어봤는데 말을 안 해.

4) 가: 크리스 씨는 아침에 일어나면 제일 먼저 뭘 해요?
   나: 저는 _____.

5) 가: 에릭 씨는 정말 운동을 좋아하는 것 같아요.
   나: 맞아요. 저는 돈 주고 하라고 해도 못 하겠는데 에릭 씨는 매일 _____.

3. 다음 상황에 맞게 친구와 이야기해 보세요.

• 친구가 어제 야근을 했다.
• 친구가 며칠 동안 기다리던 택배를 받았다.
• 친구가 사려고 기다리던 물건을 내일부터 판다.

어제 야근했다면서요? 피곤했겠어요.

네. 그래서 집에 가기가 무섭게 침대에 쓰러져서 잤어요.

어휘 Vocabulary

1. 알맞은 말을 골라서 대화를 완성해 보세요.

> 겸손하다   공손하다   세심하다   열정적이다   신념을 지키다

1) 가: 이번 시장 선거에서 어떤 후보를 뽑을 거예요?
   나: 저는 잘난 척하는 사람보다는 __겸손한__ 사람이 좋아요. 시민들의 목소리에 귀를 기울이는 사람이 시장이 되면 좋겠어요.

2) 가: 어떤 사람이 악수할 때 두 손으로 하던데 왜 그런 거예요?
   나: 한국에서는 어른한테 뭔가를 드릴 때 두 손으로 드리는 것이 예의예요. 그래서 악수도 두 손으로 해야 _____ 생각해요.

3) 가: 인생에서 가장 중요한 것이 무엇이라고 생각하십니까?
   나: 저는 자신의 _____ 것이 가장 중요하다고 생각합니다. 자기가 옳다고 믿는다면 조금 손해를 보는 경우가 있어도 그 일을 해야 한다고 봅니다.

4) 가: 아이들에게 문제가 생기는 건 거의 다 부모의 무관심 때문인 것 같더라고요.
   나: 맞아요. 아이를 키울 때는 아이들의 말, 표정 하나하나를 _____ 살펴야 해요.

5) 가: 저 요리사는 새로운 요리 재료를 찾으려고 전국 방방곡곡 안 다닌 곳이 없대요.
   나: 요리에 대한 _____ 태도 덕분에 지금처럼 유명한 요리사가 된 것 아닐까요?

귀를 기울이다 to listen carefully   손해를 보다 to suffer a loss   방방곡곡 every corner

2. 어울리는 표현을 찾아서 연결해 보세요.

1) 우리 선생님은 학생들이 선생님의 질문에 대답을 잘 못해도 서두르지 않고 기다리신다. 또 같은 질문을 여러 번 반복해도 몇 번이나 친절하게 설명해 주신다. • • 배려심이 깊다

2) 마리는 내가 바빠서 자주 연락을 못 해도 화를 내거나 서운해하지 않는다. 또 뭔가 잘못을 해도 그럴 만한 사정이 있어서 그랬을 거라고 생각해 준다. • • 인내심이 강하다

3) 민우 씨는 자신의 부모님이 큰 성공을 하지는 않았지만 성실하게 일해 온 훌륭한 분들이라고 생각한다. 그래서 부모님처럼 살고 싶다고 말한다. • • 이해심이 많다

4) 안나는 길거리에 버려진 동물을 보면 그냥 지나치지 못한다. 그리고 매일 동네를 돌아다니면서 길고양이들의 밥을 챙겨 준다. • • 존경심을 가지다

5) 지하철에 사람이 많아서 서 있을 수밖에 없었다. 몸이 좋지 않아 힘들었는데 내 앞에 앉아 있던 사람이 나를 보고 앉으라며 자리를 비켜 주었다. • • 동정심이 많다

3. 친구와 이야기해 보세요.

- 친구, 동료, 가족의 행동에 대해 긍정적으로 평가한 적이 있나요?
- 그것은 어떤 행동이었고 어떻게 평가했나요? (겸손하다, 공손하다…)
- 여러분은 스스로가 어떤 사람이라고 생각합니까? (배려심이 깊다, 인내심이 강하다…)
- 앞으로 어떤 마음을 가지고 싶습니까? (배려심, 인내심, 이해심…)

제 친구는 배려심이 깊습니다. 예전에 그 친구와 같이 버스를 타고 한 시간 정도 걸리는 곳에 간 적이 있습니다. 아직 목적지까지 한참이 남았는데 어떤 아주머니가 어린아이를 데리고 버스에 탔습니다. 자리에 앉아 있던 친구는 바로 일어나서 자리를 양보했습니다. 친구는 계속 서서 가야 했지만 아주머니와 아이가 편하게 갈 수 있도록 배려해 줬습니다. 저는 다른 사람이 양보할 거라고 생각하고 그냥 앉아 있었는데 친구를 보니 조금 창피했습니다. 저도 친구처럼 배려심이 깊은 사람이 되고 싶습니다.

문법과 표현 3 명은커녕, 동형-기는커녕

1. 그림을 보고 대화를 완성해 보세요.

1)
   예습❌, 숙제❌

   가: 내일 어려운 표현을 배운대요. 예습해야겠지요?
   나: 글쎄요. 오늘 일이 좀 있어서 <u>예습은커녕 숙제할 시간도 없을 것 같아요</u>.

2)
   김치찌개❌, 라면❌

   가: 자밀라 씨, 김치찌개 끓일 줄 알아요?
   나: 저는 요리를 잘 못해요. _____.

3)
   생일 파티❌, 축하 인사❌

   가: 나나 씨, 어제 생일이었다면서요? 생일 파티 했어요?
   나: 요즘 시험 기간이라서 친구들이 모두 바쁘잖아요.
   _____.

4)
   노래❌, 이름❌

   가: 테오 씨, 어제 가수 김빈이 발표한 새 노래 들어 봤어요?
   나: 김빈이 누구예요? _____.

5)
   해외여행❌, 제주도❌

   가: 이번 휴가 때 해외여행을 가요?
   나: 휴가 기간이 짧아서 _____.
   그냥 집에서 쉬려고요.

2. 대화를 완성해 보세요.

1) 가: 요즘 다이어트하려고 운동을 열심히 한다면서요? 살 좀 빠졌어요?
   나: <u>살이 빠지기는커녕</u> 오히려 더 쪘어요. 운동을 했더니 배가 고파서 더 많이 먹게 되더라고요.

2) 가: 감기는 좀 나아졌어요?
   나: 약을 먹었는데도 _____ 더 심해졌어요. 요즘 무리해서 그런가 봐요.

3) 가: 시험 잘 봤어요? 이번에도 장학금을 받는 거 아니에요?
   나: 몸이 안 좋아서 시험을 못 봤어요. _____ 수료를 할 수 있을지도 잘 모르겠어요.

4) 가: 어제 회사 면접이었죠? 한국어로 면접을 봤다면서요? 대답을 잘했어요?
   나: _____ 질문도 이해하지 못했어요.

5) 가: 어제 축구 경기장에 갔어요? 우리 팀이 결승전에 진출했지요?
   나: _____ 큰 점수 차이로 졌어요.

3. 광고를 보고 친구와 이야기해 보세요.

뮤지컬 '친구'를 봤다면서요? 광고를 보니까 재미있을 것 같던데 어땠어요?

재미있기는커녕 내용이 너무 지루해서 졸았어요.

문법과 표현 4 명치고

1. **대화를 완성해 보세요.**

    1) 가: 조카에게 선물을 사 주려고 하는데 뭐가 좋을까요?
       나: 이 게임기를 선물하는 게 어때요? 초등학생치고 이걸 안 좋아하는 아이는 없거든요 .

    2) 가: 매일 인스턴트 음식을 먹었더니 속이 너무 거북해요. 살도 많이 찌고요.
       나: _____.
       그런 음식보다는 채소와 과일을 많이 먹어야 건강이 좋아질 거예요.

    3) 가: 노트북 컴퓨터를 새로 사려고 하는데 카메라가 달려 있을까요? 노트북으로 온라인 수업을 들으려고 하거든요.
       나: 그럼요. _____.

    4) 가: 이 노래를 들어 본 적이 있어요? 요즘 젊은 사람들 사이에서 유행하는 노래래요.
       나: 당연하죠. _____.

    5) 가: 이 근처는 월세가 너무 비싼 것 같아요.
       나: 지하철역 근처라서 그래요. _____.

    6) 가: 내일부터 휴가예요. 아직 퇴근하려면 세 시간이나 남았는데 설레서 일을 할 수가 없어요.
       나: 직장인은 모두 휴가를 기다리지요. _____.

2. **문장을 완성해 보세요.**

    1) 가: 어제는 낮 기온도 영하이고 바람도 많이 불어서 너무 추웠어요. 한국 겨울 날씨는 원래 이렇게 추워요?
       나: 네. 그런데 오늘은 낮 기온이 10도까지 올라가고 햇볕도 따뜻하대요.
       ➡ 오늘은 겨울치고 날씨가 따뜻하다 .

    2) 가: 보통 농구 선수들은 키가 크지 않나요? 그런데 저 선수는 다른 선수들보다 키가 작은 것 같아요.
       나: 김연수라는 선수인데 다른 선수들보다 키는 작지만 실력이 뛰어나요.
       ➡ 김연수 씨는 _____.

3) 가: 소날 씨, 운전한 지 얼마 안됐다고 하지 않았어요? 초보운전자들은 긴장해서 차선도 잘 못 바꾼다는데 소날 씨는 운전을 오래 한 사람처럼 아주 잘하네요.
    나: 뭘요. 전 운전하는 게 아주 재미있어요.
    ➡ 소날 씨는   .

4) 가: 오늘은 공원에 사람이 별로 없네요. 보통 주말에는 걷기 힘들 정도로 사람이 많았는데….
    나: 그러게요. 좀 이상하네요.
    ➡ 오늘은   .

5) 가: 언어교육원 건물이 지은 지 50년이나 되었다면서요? 보통 오래된 건물은 시설이 낡고 지저분한데 생각보다 깨끗하네요.
    나: 네. 여러 번 수리를 하고 관리도 잘해서 50년 된 건물로 안 보이는 것 같아요.
    ➡ 언어교육원 건물은   .

6) 가: 하이 씨, 발표를 많이 해 봤나 봐요. 보통 학생들은 처음 발표할 때 긴장을 많이 하는데 하이 씨는 전혀 떨지 않고 여유 있게 발표하더라고요.
    나: 아뇨. 저도 여러 사람 앞에서는 처음 발표하는 거였어요. 연습을 많이 해서 그런지 생각보다 덜 떨렸어요.
    ➡ 하이 씨는   .

3. **친구와 이야기해 보세요.**

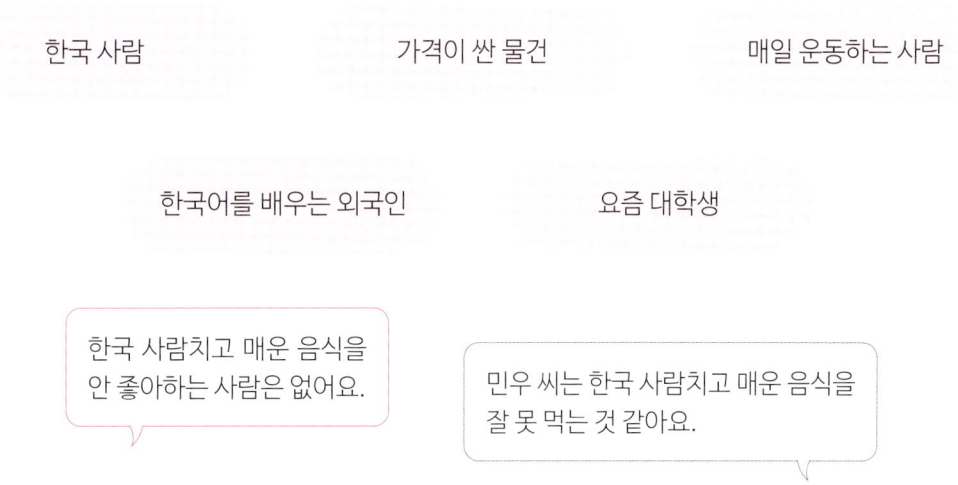

11 대인 관계
Human Relationship

11-1 부탁과 거절
11-2 사회생활

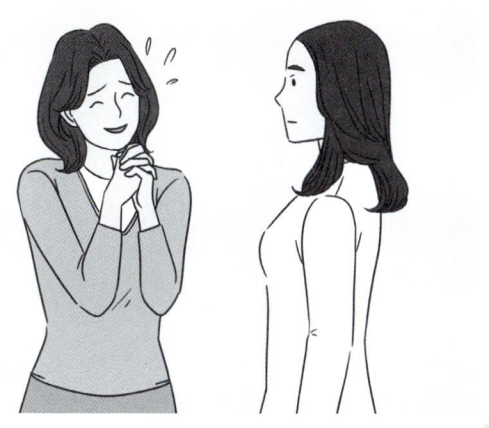

11-1	어휘	부탁과 거절, 부탁하기/거절하기 어려운 이유
	문법과 표현	동형-거든
		동-는다기보다는, 형-다기보다는, 명이라기보다는
11-2	어휘	성격과 행동 ②, '-스럽다'
	문법과 표현	명대로, 동-는 대로
		동형-으므로, 명이므로

어휘 Vocabulary

1. 알맞은 말을 골라서 대화를 완성해 보세요.

> 도움을 청하다   솔직하게 말하다   핑계를 대다
> 간접적으로 거절하다   (직접적으로 부탁하다)

1) 가: 친구한테 영화제 정보 좀 알아봐 달라고 부탁했더니 친구가 바쁘다면서 거절했어요.
   나: 그렇게 <u>직접적으로 부탁하면</u> 오히려 거절하기 쉬울 것 같아요.

2) 가: 윗집이 너무 시끄러운데 말을 해도 듣지 않아요.
   나: 집과 관련해서 혼자 해결하기 어려운 문제는 관리 사무소에 _____ 보세요.

3) 가: 제니에게 며칠 전에 밥 먹자고 했는데 일정을 확인해 보고 연락 준다더니 아직도 답이 없네.
   나: 그래? 아직도 답이 없으면 밥 먹기 어렵다고 _____ 것 같은데.

4) 가: 친구한테 빌린 책을 잃어버렸는데 어떡하지? 그 책은 이제 서점에서 팔지도 않고 도서관에만 있는 책인데.
   나: 구할 수 없는 책이면 어쩔 수 없잖아. 그냥 _____ 사과해.

5) 가: 여행 가는 동안 다니엘 씨한테 고양이를 맡아 달라고 부탁해 보는 건 어때요?
   나: 다니엘 씨한테 제일 먼저 부탁했는데 거절당했어요. 전에 고양이 키웠던 것을 다 아는데 고양이 털 알레르기가 있다고 _____.

관리 사무소 property management office

2. 알맞은 말을 골라서 글을 완성해 보세요.

> 부담을 주다   서운해하다   쑥스럽다   손해를 보다   번거롭다   어색하다

이번에 이사를 해서 동아리 친구들을 집에 초대했다. 집들이에 오라고 하면 친구들에게 1) 부담을 줄까 봐 집에 문제가 생겼다는 핑계를 댔다. 그런데 막상 친구들에게 내가 사는 집을 보여 주려고 하니까 조금은 2) _____. 그래도 좋아하는 영화를 같이 보며 맛있는 음식을 먹으면 친구들과 더 친해질 것 같았다. 집에 온 친구들은 집들이인데 거짓말을 했다며 3) _____. 하지만 우리는 같이 영화를 보고 내가 만든 음식도 먹으며 재미있게 시간을 보냈다.

동아리 친구가 집에 문제가 생겼다며 주말에 자기 집으로 와 달라고 부탁을 했다. 학교에 들어오자마자 가입한 동아리이기 때문에 서로 친하지 않아서 만나면 조금 4) _____ 느낌이었다. 그리고 친구 집에 가려면 버스를 두 번이나 갈아타야 해서 5) _____ 도움을 청하니 안 갈 수가 없었다. 그런데 친구 집에 가 보니 집들이를 하려고 우리를 초대한 것이었다. 맛있는 음식도 먹고 재미있는 영화도 봐서 너무 즐거웠다. 친구를 도와주느라 쉴 시간을 뺏겨서 6) _____ 생각했는데 친구와 즐거운 시간을 보내고 나니까 그런 생각을 한 것이 조금 미안했다.

3. 다음 상황에서 어떻게 행동할지 친구와 이야기해 보세요.

- 마음에 들지 않는 사람에게 고백을 받았을 때
- 갑자기 비가 와서 자주 가는 가게에서 우산을 빌리려고 할 때
- 해외여행 가는데 친구가 비싼 선물을 사다 달라고 부탁할 때
- 짐을 많이 들고 있어서 다른 사람에게 엘리베이터 버튼을 눌러 달라고 부탁할 때

저는 마음에 들지 않는 사람에게 고백을 받으면 간접적으로 거절할 것 같아요. 우선 너무 고맙지만 지금은 연애를 할 수 없는 상황이라고 핑계를 댈 것 같아요. 바로 마음에 들지 않아서 싫다고 하면 관계가 어색해질 수 있기 때문에 고맙지만 연애할 여유가 없다는 등의 말을 하면 좋을 거예요.

문법과 표현 1 동형-거든

1. 바르게 연결하고 대화를 완성해 보세요.

1) 긴장이 되다 • • 저한테 물어보세요.
2) 잠이 안 오다 • • 따뜻한 우유를 마셔 보세요.
3) 궁금한 게 있다 • • 평일에 다시 오는 게 좋겠어요.
4) 시간이 별로 없다 • • 필요 없는 파일을 지워 보세요.
5) 컴퓨터 속도가 느리다 • • 숨을 크게 쉬어 보는 게 어때요?
6) 일이 너무 많다 • • 무리하지 말고 내일 마무리하세요.

1) 가: 너무 떨려요. 긴장돼서 발표를 망칠 것 같아요.
   나: 그렇게 _긴장이 되거든 숨을 크게 쉬어 보는 게 어때요_ ?

2) 가: 요즘 밤에 잠을 못 자서 너무 피곤해요. 일찍 누워도 잠이 안 와요.
   나: _____.

3) 가: 모르는 게 많아서 책을 읽기가 힘들어요.
   나: 책을 읽다가 _____.

4) 가: 인기 있는 식당이라고 해서 꼭 와 보고 싶었는데 주말이라서 그런지 기다리는 사람이 너무 많네요. 한 시간 후에는 여기에서 출발해야 하는데 어떡하죠?
   나: _____.

5) 가: 컴퓨터가 켜지는 데 왜 이렇게 시간이 오래 걸리는지 모르겠어요. 인터넷 사이트도 빨리 안 열리고….
   나: _____.

6) 가: 김민수 씨와 창고를 정리하고 있는데 오늘까지 다 끝낼 수 있을지 모르겠습니다.
   나: _____.

마무리하다 to finish   창고 storage

2. 대화를 완성해 보세요.

1) 가: 유명한 케이크 집에 갈 건데 네 것도 사다 줄까?
   나: 글쎄. 맛없을 수도 있잖아. 네가 먼저 먹어 보고 맛있거든 사다 줘.

2) 가: 네가 도와준 덕분에 시험을 아주 잘 봤어. 장학금도 받을 수 있을 것 같아.
   나: 잘됐다. _____ 나한테 한턱내.

3) 가: 안나 씨 휴대폰으로 단체 사진을 찍었지? 안나 씨한테 사진 보내 달라고 해야겠다.
   나: 안나 씨가 _____ 나한테도 전달해 줘.

4) 가: 과장님, 오늘 거래처에 전화해서 회의 날짜를 정하려고 합니다.
   나: 그래요. 거래처와 이야기해 보고 _____ 알려 줘요.

5) 가: 편의점에 갈 건데 뭐 필요한 거 없어요?
   나: 삼각 김밥을 먹고 싶은데 시간이 늦어서 남아 있을지 모르겠네요.
   _____ 하나 사다 주세요.

3. 다음 상황에 맞게 친구와 이야기해 보세요.

내 고향으로 여행을 가는 친구에게

아르바이트를 하고 싶어 하는 친구에게

한국 요리 수업을 들으려는 친구에게

유명한 맛집에 가려는 친구에게

몽골로 여행을 가려고 하는데 뭘 하면 좋을까요?

몽골에 가거든….

문법과 표현 ❷ 동-는다기보다는, 형-다기보다는, 명이라기보다는

1. **주어진 표현을 사용해서 대화를 완성해 보세요.**

    1) 가: 나나 씨는 수업 시간에 적극적으로 이야기를 하는 것 같아요.
       나: <u>제가 적극적으로 이야기한다기보다는 수업 시간에 다른 친구들이 이야기를 안 해서 그렇게 보이는 거예요</u>. (내가 적극적으로 이야기하다, 다른 친구들이 이야기를 안 하다)

    2) 가: 또 검은색 옷을 사려고? 검은색 옷을 좋아하나 봐.
       나: _____.
       (검은색 옷을 좋아하다, 다른 옷과 같이 입기 좋다)

    3) 가: 왜 또 데이트 약속을 취소해요? 이제 내가 싫어졌어요?
       나: _____.
       (유미 씨가 싫어졌다, 가끔 혼자 있는 시간이 필요하다)

    4) 가: 지금 나오는 뉴스는 무슨 말인지 하나도 모르겠어요. 내가 이해력이 부족해서 그럴까요?
       나: _____.
       (이해력이 부족하다, 뉴스의 내용이 어렵다)

    5) 가: 나는 이 식탁이 마음에 드는데, 별로예요?
       나: _____.
       (이 식탁이 별로이다, 우리 집 부엌에 어울리지 않다)

2. **대화를 완성해 보세요.**

    1) 가: 저 사람들 생각이 틀린 거 아니에요?
       나: 저 사람들 생각이 <u>틀렸다기보다는</u> 우리와 생각이 다른 거예요.

    2) 가: 소날 씨 한국어 실력이 대단하네요. 연습을 많이 했나 봐요.
       나: _____ 한국 친구들을 자주 만나다 보니 한국어를 말할 기회가 많았던 것 같아요.

3) 가: 유학을 와서 혼자 사니까 외롭지 않아요?
   나: _____ 혼자 있을 때 어떻게 시간을 보내야 할지 아직 잘 모르겠어요.

4) 가: 서양에서는 나보다 나이가 많은 사람의 이름을 편하게 부르더라고요. 너무 예의가 없는 거 아니에요?
   나: _____ 문화가 달라서 그런 거 아닐까요?

5) 가: 나나 씨하고 다니엘 씨가 큰 소리로 이야기하던데 싸운 걸까요?
   나: _____ 생각이 다른 부분을 이야기한 것 같아요.

3. 친구와 이야기해 보세요.

- 이 케이크 왜 안 먹어요? 맛이 없어요?
- 거실에 비해서 소파가 너무 크지 않아요?
- 발표 준비 아직도 안 했어요? 발표 준비가 어려워요?
- 우주에 대한 책을 읽고 있네요. 우주에 관심이 있어요?

책을 읽고 리포트를 써야 한다   할 일이 많다   거실이 작다   방금 케이크를 먹었다

이 케이크 왜 안 먹어요? 맛이 없어요?

맛이 없다기보다는 방금 케이크를 먹어서 또 먹고 싶지 않아요.

어휘 Vocabulary

1. 알맞은 말을 골라서 대화를 완성해 보세요.

> 두렵다   원만하다   (적절하다)
> 다름을 인정하다   좋은 관계를 유지하다

1) 가: 아까 회의 시간에 제가 농담을 했을 때 분위기가 어색해져서 당황스러웠어요.
   나: 농담을 하기 __적절한__ 상황이 아니었던 것 같아요. 거래처 직원의 실수 때문에 부장님이 화가 많이 나셨거든요.

2) 가: 운전을 하다가 보면 가끔 사고가 나지 않을까 _____ 때가 있어요.
   나: 나도 그래요. 그래서 운전할 때는 운전에만 집중하려고 노력해요. 트럭 같은 큰 차가 근처에 오면 피하고요.

3) 가: 거래처와 생겼던 문제는 어떻게 되었나요?
   나: 서로 오해가 있었던 것 같습니다. 거래처에 충분히 잘 설명했고 문제도 _____ 해결했습니다.

4) 가: 저는 사람들이 왜 저랑 다르게 생각하는지 이해할 수가 없어요.
   나: 내 생각과 다른 사람도 있고, 같은 상황에서 전혀 다른 행동을 하는 사람도 있습니다. _____ 상대방이 왜 그런 행동을 했는지 이해할 수 있을 겁니다.

5) 가: 친구들이 저를 피하는 것 같아요. 연락도 잘 안되고요.
   나: 친구들과 _____ 위해서는 자기 생각만 고집하지 말고 친구의 의견을 잘 들어주는 것이 중요합니다. 내 생각만 하지 말고 친구의 입장에서도 생각해 보세요.

고집하다 to insist

2. 어울리는 표현을 찾아서 연결해 보세요.

1) 저 배우의 연기를 보면 진짜 그런 일이 있는 것처럼 보여요. 의사 역할을 맡았을 때는 진짜 의사인 줄 알았어요.

• 다행스러운 일

2) 친구인 줄 알고 인사를 했는데 그 친구가 절 이상하게 봤어요. 다시 보니까 그 사람은 모르는 사람이었어요.

• 조심스러운 태도

3) 어제 교통사고가 났는데 작은 상처만 나고 크게 다치지는 않았어요.

• 당황스러운 일

4) 사장님, 부장님과 같이 식사하게 되었어요. 신경 쓰여서 밥을 잘 못 먹었는데 사장님이 맛이 없어서 그러냐고 자꾸 물어보셔서 억지로 먹다가 체했어요.

• 자연스러운 연기

5) 개인적인 일에 대해 물어볼 때는 한 번 더 생각하고 이야기하려고 노력해요. 혹시 상대방이 기분 나빠할 수도 있고 오해를 할 수도 있으니까요.

• 부담스러운 자리

3. 다음 상황에서 어떻게 행동할지 친구와 이야기해 보세요.

- 선생님이나 상사의 의견이 내 의견과 다를 때
- 별로 친하지 않은 친구가 비싼 선물을 줬을 때
- 친한 친구가 갑자기 연락이 안 돼서 친구의 부모님에게 연락할 때
- 내가 잘못을 했는데 상사나 선생님이 다른 사람이 그 일을 했다고 생각할 때
- 길을 잃었는데 휴대폰 배터리가 없어서 낯선 사람에게 길을 물어봐야 할 때

하이 씨는 선생님이나 상사의 의견이 하이 씨 의견과 다를 때 어떻게 해요?

저는 제 생각을 잘 말하지 않고 선생님이나 상사가 시키는 걸 하는 편이에요.

왜요?

제 생각을 말하면 윗사람이 저를 안 좋게 생각할 것 같아서 다른 의견을 말하기가 좀 조심스럽더라고요. 그래서 아예 말을 안 해요.

문법과 표현 3 : 명대로, 동-는 대로

1. 알맞은 말을 골라서 문장을 완성해 보세요.

   요리법   조언   생각   (계획)   설명서

   1) 나는 대학교를 졸업한 후에 <u>계획대로</u> 대학원에 진학했다.

   2) 직접 조립해야 하는 가구를 사서 어떻게 조립을 할지 걱정이 됐다.
      그런데 가구와 같이 있던 _____ 하니까 생각보다 어렵지 않았다.

   3) 나는 운전한 지 얼마 안 되어서 주차할 때 여러 번 사고가 났다.
      그런데 운전을 잘하는 친구의 _____ 해 보니까 주차를 잘하게 되었다.

   4) 한국 음식을 만들어 보고 싶었다. 인터넷에서 찾아 본 _____ 했는데 생각보다 맛있어서 놀랐다.

   5) 부모님의 말씀을 잘 들으려고 노력하지만 _____ 되지 않는다.

2. 알맞은 말을 골라서 문장을 완성해 보세요.

   (알려 주다)   들리다   나오다   가리키다   말하다

   1) 인터넷 동영상에서 <u>알려 주는 대로</u> 케이크를 만들었는데 모양이 이상해졌다.

   조립하다 to assemble

2)
앵무새는 사람이 _____ 똑같이 따라서 말할 수 있다.

3)
선생님의 말씀을 듣고 _____ 썼더니 철자가 맞지 않았다.

4)
오늘 시력 검사를 했는데 한쪽 눈을 가리고 선생님이 _____ 읽어야 됐다.

5)
화면에 _____ 따라 하다 보니까 요가를 잘하게 되었다.

3. **주어진 표현을 사용해서 대화를 완성해 보세요.**

1) 가: 오늘 발표가 있는데 너무 떨려요.
   나: <u>준비한 대로</u> 하면 잘할 거예요. 걱정 마세요.
      (준비했다)

철자 spelling   시력 검사 eye exam   화면 screen

2) 가: 방학 때 제주도에 갔다 왔다면서요? 여행 어땠어요?
   나: 친구가 _____ 일정을 짰는데 정말 재미있었어요.
   (추천해 주었다)

3) 가: 어제 내가 알려 준 식당 가 봤어? 괜찮았어?
   나: 응. 네가 _____ 정말 맛있더라. 다음에 또 가고 싶어.
   (칭찬했다)

4) 가: 어제 선생님께서 뭐라고 하셨어?
   나: 어제 결석해서 못 들었지? 선생님께 _____ 이야기해 줄게.
   (들었다)

5) 가: 아까 전화로 주문했는데요.
   나: 네. 아까 전화로 _____ 오이를 뺀 참치김밥 포장해 놓았습니다.
   (주문하셨다)

4. 친구와 이야기해 보세요.

- 친구/가족/선배/선생님이 하라고 해서 잘된 일
- 다른 사람이 추천해 주어서 했는데 잘 안된 일
- 뉴스에서 보고 믿었는데 사실이 아니었던 것
- 설명서를 읽고 따라 했는데 잘 안된 것

저는 한국어를 공부하는데 처음에 발음이 너무 어려웠어요. 그때 선생님이 연습 방법을 알려 주셨어요. 선생님이 연습해 보라는 대로 했더니 정말 발음이 좋아졌어요. 지금도 선생님이 알려 주신 대로 연습을 하고 있는데 발음이 좋다는 칭찬을 자주 들어요.

문법과 표현 4 동형-으므로, 명이므로

1. 바르게 연결하고 문장을 완성해 보세요.

   1) 자격증을 따기가 어렵다. • • 서민들의 생활이 어려워질 것이다.
   2) 올해 물가가 많이 올랐다. • • 거절할 때도 예의가 필요하다.
   3) 부탁을 잘못 거절하면 상대방의 기분이 상할 수 있다. • • 2시 이후에 전화하는 것이 좋다.
   4) 오전에는 서비스 센터에 문의 전화가 많아서 전화 연결이 잘 안된다. • • 합격하려면 열심히 공부해야 한다.

   1) 자격증을 따기가 어려우므로 합격하려면 열심히 공부해야 한다.
   2) _____ .
   3) _____ .
   4) _____ .

2. 그림을 보고 문장을 완성해 보세요.

   1)  안개가 자주 끼므로 주의하시기 바랍니다.

서민 ordinary people

2)  우리 안에 손을 넣지 마시기 바랍니다.

3)  속도를 줄이시기 바랍니다.

4)  다른 길로 가시기 바랍니다.

5)  수영을 하지 마시기 바랍니다.

12 옛날이야기의 교훈 Morals from Old Stories

- **12-1** 속담과 생활
- **12-2** 옛날이야기

12-1	어휘	속담
	문법과 표현	동-는다더니, 형-다더니, 명이라더니
		설마 동형-겠어(요)?
12-2	어휘	이야기의 내용과 교훈, '-같다'
	문법과 표현	동-는다는 것은 명으로 알 수 있다, 형-다는 것은 명으로 알 수 있다
		명이라는 것은 명으로 알 수 있다
		동형-기 마련이다

어휘 Vocabulary

1. 알맞은 속담을 골라서 속담 사전을 완성해 보세요.

> 그림의 떡이다   작은 고추가 맵다   하늘의 별 따기이다
> 누워서 침 뱉기이다   티끌 모아 태산이다   남의 떡이 더 커 보인다
> 미운 아이 떡 하나 더 준다   호랑이도 제 말 하면 온다   보기 좋은 떡이 먹기도 좋다
> 개구리 올챙이 적 생각 못 한다   원숭이도 나무에서 떨어질 때가 있다
> 떡 줄 사람은 생각지도 않는데 김칫국부터 마신다

1) 미운 아이 떡 하나 더 준다. ➡ 미워하는 사람일수록 더 잘 대해 주고 나쁜 감정을 쌓지 말아야 한다.

2) _____ ➡ 자기가 잘 못하던 때나 어려웠던 때를 기억하지 못하고 원래부터 잘하는 것처럼 행동한다.

3) _____ ➡ 마음에 들어도 실제로 쓸 수 없거나 가질 수 없다.

4) _____ ➡ 실제로는 내가 가진 것과 큰 차이가 없지만 다른 사람의 물건이 더 좋아 보인다.

5) _____ ➡ 상대방이 어떤 일을 해 줄 생각을 안 하는데 해 줄 거라고 믿고 행동한다.

6) _____ ➡ 어떤 일을 오랫동안 해서 잘하게 된 사람도 가끔 실수할 때가 있다.

7) _____ ➡ 다른 사람의 이야기를 하는데 바로 그 사람이 온다.

8) _____ ➡ 모양이 좋은 것이 맛도 좋다.

9) _____ ➡ 아무리 작은 것이라도 모으고 모으면 나중에 큰 것이 된다.

10) _____ ➡ 어떤 일을 하기가 아주 어렵다.

11) _____ ➡ 자기에게 손해가 될 일을 한다.

12) _____ ➡ 몸이 작은 사람이 큰 사람보다 재주가 뛰어나고 잘한다.

2. 알맞은 속담을 골라서 대화를 완성해 보세요.

> 그림의 떡이다   남의 떡이 더 커 보인다   하늘의 별 따기이다
> 개구리 올챙이 적 생각 못 한다   보기 좋은 떡이 먹기도 좋다
> ~~원숭이도 나무에서 떨어질 때가 있다~~   떡 줄 사람은 생각지도 않는데 김칫국부터 마신다

1) 가: 테오 씨가 한국어를 잘하는 줄 알았는데 한국어 단어를 잘못 가르쳐 줬어요. 실망이에요.
   나: <u>원숭이도 나무에서 떨어질 때가 있다고</u> 하잖아요. 아무리 한국어를 잘해도 실수를 할 때가 있어요.

2) 가: 나나 씨가 주문한 음식이 더 맛있어 보여요. 저도 그거 먹을 걸 그랬어요.
   나: _____ 말이 맞네요.
   저는 마리 씨가 주문한 음식이 더 맛있어 보이거든요.

3) 가: 요즘 광고하는 자동차 정말 좋아 보이던데. 우리도 사면 안 될까?
   나: _____.
   우리 집 근처에는 주차할 곳도 없고 가격도 너무 비싸잖아.

4) 가: 일하다가 모르는 게 있어서 직장 선배한테 물어봤는데 선배가 이런 것도 모르냐고 야단을 쳤어요.
   나: _____ 말이 맞네요.
   선배도 못할 때가 있었을 텐데 어떻게 그럴 수가 있어요?

5) 가: 그 회사에 취직하는 게 그렇게 어렵다면서요?
   나: 네. _____.
   한 명을 뽑는데 백 명이 지원할 정도로 경쟁률이 높고 입사 시험도 아주 어려워요.

6) 가: 왜 편의점에서 사 온 도시락을 그릇에 다시 담아요?
   나: _____ 하잖아요.
   이렇게 예쁜 그릇에 담아 먹으면 더 맛있는 것 같아요.

7) 가: 아까 우연히 하이 씨를 봤는데 초콜릿을 사더라고요. 제가 초콜릿 좋아한다는 이야기를 들었으니까 저한테 주겠죠?
   나: _____ 말이 맞네요.
   하이 씨도 초콜릿 좋아해요. 아마 하이 씨가 먹으려고 산 걸걸요?

문법과 표현 1 　동-는다더니, 형-다더니, 명이라더니

1. 그림을 보고 대화를 완성해 보세요.

1)

가: 유진 씨가 추천해 준 책이 어땠어요?
나: 어린이들이 읽는 책이라서 　쉽다더니　 모르는 단어가 많아서 읽기 어려웠어요.

2)

가: 그거 어제 산 옷 아니에요? 사이즈가 원래 이렇게 딱 맞았어요?
나: _____ 한 번 빨았는데 이렇게 줄어들었어요. 새 옷인데 너무 아까워요.

3)

가: 유명한 맛집에 다녀왔다면서요? 소문처럼 정말 맛있었어요?
나: _____ 제 입맛에는 그저 그렇더라고요.

4)

가: 갑자기 비가 오네요.
나: 오늘 날씨가 _____ 일기 예보가 틀렸네요.

5)

가: 테오 씨가 식당 할인 쿠폰을 줬다면서요?
나: 네. 그런데 주말에도 _____ 주말에는 할인을 안 해 주더라고요.

6)

가: 오늘 같이 쇼핑하러 갈까요?
나: 요즘 돈이 별로 없어서 못 갈 것 같아요. 제니 씨한테 돈을 빌려줬는데 금방 _____ 아직도 안 갚았거든요.

2. 대화를 완성해 보세요.

1) 가: 어제 먹던 김치찌개가 남아서 두부 넣고 다시 끓였어.
   나: 어제보다 더 맛있는데. 김치찌개는 오래 끓여야 <u>맛있다더니</u> 그 말이 맞는구나.

2) 가: 어제 안나 씨 집에 잘 다녀왔어요? 저는 아직 못 가 봤는데 책이 그렇게 많다면서요?
   나: 네. 안나 씨 집에 _____ 도서관이라고 해도 될 정도로 벽마다 책이 가득하던데요.

3) 가: 하이 씨가 찍은 우리 반 단체 사진 봤어요?
   나: 네. 하이 씨가 _____ 정말 그렇더라고요. 사진작가가 찍은 것처럼 잘 나왔어요.

4) 가: 마리 씨가 케이크를 만들어 왔다면서요? 마리 씨가 만든 케이크 먹어 보고 싶었는데….
   나: 마리 씨가 _____ 케이크 모양도 예쁘고 맛있더라고요. 요리를 잘한다는 소문이 괜히 난 게 아니에요.

5) 가: 가수 L 씨가 A 씨랑 결혼한다는 소식 들었어요? 원래 A 씨는 B 씨랑 사귄다고 몇 번이나 소문이 났잖아요.
   나: A 씨와 B 씨가 사귄다는 소문이 날 때마다 두 사람이 친구라고 했잖아요. _____
   정말 그렇네요. 우리가 오해한 거예요.

3. 알맞은 속담을 골라서 대화를 완성해 보세요.

> 티끌 모아 태산이다   (남의 떡이 더 커 보인다)   보기 좋은 떡이 먹기도 좋다
> 호랑이도 제 말 하면 온다   원숭이도 나무에서 떨어질 때가 있다

1) 가: 유진 씨랑 똑같은 케이크를 시켰는데 유진 씨 케이크가 더 맛있어 보여요.
   나: <u>남의 떡이 더 커 보인다더니</u> 그 말이 맞네요. 똑같은 케이크니까 그런 소리 하지 마세요.

2) 가: 커피 마실 돈을 아껴서 이 컴퓨터를 샀어요.
   나: 이거 되게 비싼 컴퓨터 아니에요? _____ 작은 돈을 아끼니까 큰돈이 되네요.

3) 가: 곧 엥흐 씨 생일인데 어떤 선물을 하면 엥흐 씨가 좋아할까요?
   나: _____ 저기 엥흐 씨가 오네요. 직접 물어보세요.

4) 가: 어떡하죠? 설탕을 넣어야 되는데 소금을 넣어서 음식이 좀 짜요.
   나: _____ 요리를 잘하는 마리 씨도 실수할 때가 있군요.

5) 가: 자, 제가 만든 건 아니지만 많이 드세요.
   나: _____ 평범한 김밥도 이렇게 예쁜 접시에 담아 놓으니까 맛있어 보이네요. 잘 먹을게요.

4. 다음 상황에 맞게 친구와 이야기해 보세요.

| 좋아하는 가수의 콘서트 표를 구하기 어려울 때 | 별로 좋아하지 않는 친구에게 초콜릿을 사 주는 친구를 보고 |

| 몸이 작고 마른 친구가 무거운 물건을 잘 드는 것을 보고 | 자기가 졸업한 학교에 대해 나쁜 이야기를 하는 친구를 보고 |

가수 김빈의 콘서트 표를 사려고 했는데 예매가 시작되기가 무섭게 매진됐어요.

그 가수의 콘서트 표를 구하는 게 하늘의 별따기라더니 정말 그렇네요. 다음에 다시 해 보세요. 표를 구할 수 있을 거예요.

문법과 표현 ❷ 설마 동 형 -겠어(요)?

1. **대화를 완성해 보세요.**

   1) 가: 깜짝 파티 준비한다면서 목소리 너무 큰 거 아냐? 나나한테 들리겠어.
      나: 나나는 저렇게 멀리 앉아 있는데 <u>설마 내 목소리가 들리겠어</u>?

   2) 가: 테오 집들이가 오늘이지? 배고픈데 테오가 맛있는 거 많이 만들어 줄까?
      나: 테오는 라면밖에 못 끓이는데 _____? 배달시키겠지.

   3) 가: 너 또 언니 옷 몰래 입고 나가는 거야? 언니가 알면 화낼 텐데.
      나: 언니 옷이 얼마나 많은데요. 내가 언니 옷을 입은 걸 _____?

   4) 가: 나나 씨는 왜 아직도 안 올까요? 자고 있는 거 아닐까요?
      나: 아까 저한테 일어났다고 문자도 보냈는데 _____?

   5) 가: 새로 나온 노트북은 성능도 좋고 가벼운 것 같아요. 가격만 비싸지 않으면 이걸로 사고 싶네요.
      나: 새로 나온 노트북이고 성능도 좋은데 _____?

2. **대화를 완성해 보세요.**

   1) 가: 점심부터 굶었더니 너무 배고프다. 밥이 아직도 안 됐어?
      나: 10분 전에 밥을 하기 시작했는데 <u>설마 벌써 밥이 다 됐겠어</u>? 좀 기다려.

   2) 가: 소날 씨가 집에 도착했을까? 도착하면 바로 연락하기로 했는데 아직 연락이 없어.
      나: 소날 씨 집은 좀 멀잖아. 출발한 지 15분밖에 안 됐는데 _____?

3) 가: 이 음식 상한 거 아니에요? 냄새가 좀 이상한 것 같은데요?
   나: 오늘 산 재료로 방금 전에 만들었는데 _____?

4) 가: 컴퓨터 화면이 좀 이상해. 혹시 고장 난 거 아니야?
   나: 산 지 일주일밖에 안 되었는데 _____? 껐다가 다시 켜 봐.

5) 가: 에릭 씨가 왜 저렇게 기운이 없어요? 시험 결과가 나왔다는데 시험에 떨어진 거 아니에요?
   나: 그건 아닌 것 같아요. 시험 보고 나서 나한테 잘 봤다고 했는데 _____?

3. 친구와 이야기해 보세요.

해외 토픽

- 중국에는 키가 221cm인 중학생이 있다.
- 르완다의 한 정글에서 외계인 무덤이 발견됐다.
- 이탈리아에서 초록색 털을 가진 강아지가 태어났다.
- 튀르키예에는 아픈 새끼 고양이를 병원에 물고 온 어미 고양이가 있다.
- 미국의 한 지역에서 기온이 하루 사이에 36도가 떨어져서 9월인데 눈이 왔다.

중국에 키가 221cm인 중학생이 있대요.

설마 중학생 키가 그렇게 크겠어요?

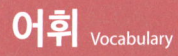

1. **알맞은 말을 골라서 대화를 완성해 보세요.**

   복을 받다   정직하다   영리하다   어리석다
   욕심을 부리다   은혜를 갚다   벌을 받다

   1) 가: 제니 씨가 이번에 복권에 당첨됐대요.
      나: 정말요? 정말 잘됐네요. 제니 씨가 평소에 사람들도 많이 도와주고 착하게 살더니 <u>복을 받았네요</u>. 역시 사람은 착하게 살아야 해요.

   2) 가: 민우가 지나가고 나서 내 가방이 떨어져서 노트북이 고장 났어. 그런데 민우가 자기 몸이 가방에 닿지 않았다고 계속 그러는 거야.
      나: 그래? 참 속상했겠다. 그런데 민우는 거짓말을 절대로 안 하는 _____ 성격이잖아. 민우 말이 맞을 거야.

   3) 가: 엥흐 씨는 모범생이라서 선생님 말을 잘 들었을 것 같아요.
      나: 아니에요. 고등학교 때 수업 시간에 몰래 나가서 놀다가 선생님에게 _____ 적도 있어요.

   4) 가: 배가 너무 아파서 약을 좀 사 먹어야겠어.
      나: 너 아까 너무 많이 먹는 것 같더라. 음식을 많이 먹으려고 _____ 탈이 날 수도 있어.

   5) 가: 옛날이야기 중에 물속에 있는 자기 모습을 보고 짖다가 입에 물고 있던 고기를 물에 빠뜨린 강아지 이야기 알아?
      나: 그럼, 알지. 그런 _____ 동물 이야기는 학교 다닐 때 책에서 본 적이 있어.

   6) 가: 옛날이야기를 보면 동물이 사람보다 더 나은 것 같아. 동물은 자기에게 잘해 주면 고맙게 생각하는데 사람은 자기에게 잘 대해 준 사람을 이용할 때도 있잖아.
      나: 맞아. 잘해 준 사람한테 _____ 생각은 안 하고 오히려 이용하려고 하는 사람도 있지.

   7) 가: 우리 집 강아지는 간단한 말을 알아듣고 내가 시키는 대로 해.
      나: 너희 집 강아지는 정말 _____. 우리 집 고양이는 내가 주인인지 아닌지도 잘 모르는 것 같아.

2. 어울리는 표현을 찾아서 연결해 보세요.

1) 우리 아버지는 정말 무서운 분이에요. 평소에는 괜찮은데 제가 조금이라도 욕심을 부리거나 동생과 싸우면 무섭게 혼을 내세요.

   • 청개구리 같은 사람

2) 제 친구는 정말 순한 사람이에요. 누가 기분 나쁘게 하거나 귀찮게 해도 거의 화를 내지 않아요. 그리고 대부분 고집도 안 부리고 주변 사람에게 잘 맞춰 줘요.

   • 곰 같은 사람

3) 제 동생은 말을 안 들어요. 엄마가 청소하라고 하면 공부한다고 하고, 공부하라고 하면 청소 한다고 해요. 무엇이든지 반대로만 해요.

   • 여우 같은 사람

4) 친구 중에 정말 둔한 친구가 있어요. 학교에 오다가 넘어져서 다리를 다쳤는데 별로 안 아프다며 학교에 왔어요. 수업을 다 듣고 집에 갔는데 다음 날 깁스를 하고 왔어요. 다리에 금이 갔는데 몰랐대요.

   • 호랑이 같은 사람

5) 원래 민수는 지나가다 날 만나도 인사를 안 했어요. 어느 날 갑자기 친한 척을 해서 이상하다고 생각했는데 알고 보니까 부탁할 일이 있어서 그런 거였어요.

   • 양 같은 사람

고집을 부리다 to be stubborn   금이 가다 be cracked

3. 여러분 나라의 이야기를 친구에게 소개해 주세요.

- 은혜를 갚는 이야기
- 정직한 사람이 복을 받는 이야기
- 여우 같은 사람이 나오는 이야기
- 욕심을 부리다가 벌을 받는 이야기

'흥부와 놀부'라는 이야기 아세요? 옛날에 착한 흥부가 부러진 제비 다리를 고쳐 줬는데….

문법과 표현 3

동-는다는 것은 명으로 알 수 있다, 형-다는 것은 명으로 알 수 있다, 명이라는 것은 명으로 알 수 있다

1. 바르게 연결하고 문장을 완성해 보세요.

1) 그 배우가 유명해지다 • • 얼굴이 빨개지다
2) 내 친구가 부끄러워하다 • • 주말에도 자주 출근하다
3) 그 식당의 음식이 맛있다 • • 식당 앞에서 대기하는 줄이 길다
4) 내 친구가 일을 많이 하다 • • 길거리에서 알아보는 사람이 많아지다

1) 그 배우가 유명해졌다는 것은 길거리에서 알아보는 사람이 많아진 것으로 알 수 있다.
2) _____.
3) _____.
4) _____.

2. 그림을 보고 문장을 완성해 보세요.

1) 드라마 시청률 순위

순위	프로그램	시청률
1	사랑의 약속	17.7
2	내눈에 콩깍지	15.4
3	천원짜리 변호사	13.7
4	태풍의 신부	12.8
5	삼남매가 용감하게	8.4

'사랑의 약속'이라는 드라마가 인기 있다는 것은 시청률로 알 수 있다.

2) 하얀 꽃 상영중 ▶
평점 9.7/10 ★★★★★

붉은 달 상영중 ▶
평점 5.8/10 ★★★

'하얀 꽃'이라는 영화가 재미있다는 것은 _____.

3)

그 남자에게 좋은 일이 있다는 것은 _____.

4)

그 여자가 결혼했다는 것은 _____.

5)

그 여자가 노래를 잘한다는 것은 _____.

3. **친구와 이야기해 보세요.**

운동이 건강에 좋은가? 그 연예인이 인기가 많은가?

혼자 사는 사람이 많아지고 있는가? 사람들이 환경에 관심이 많아졌는가?

- 연예인이 등장하는 광고가 많다.
- 텀블러를 사용하는 사람들이 늘어났다.
- 마트에 1인 가구를 위한 제품들을 많이 판다.
- 운동의 긍정적인 효과에 대한 연구 결과가 많다.

운동이 건강에 좋다는 것은 운동의 긍정적인 효과에 대한 연구 결과로 알 수 있습니다.

문법과 표현 4 동·형-기 마련이다

1. 대화를 완성해 보세요.

1) 가: 부모님이 매일 전화를 해서 밥은 먹었는지 아픈 데는 없는지 물어보세요.
   나: 우리 부모님도 똑같아요. 부모들은 항상 자식들을 걱정하기 마련이에요 .

2) 가: 이번에 이사 간 집이 월세가 싸서 좋은데 좀 시끄러워요.
   나: 모든 일에는 좋은 점이 있으면 안 좋은 점도 _____.

3) 가: 주말에 백화점에 갔다가 계획에도 없는 쇼핑을 하고 말았어요.
   나: 쇼핑할 생각이 없었는데도 가게에 가서 물건을 보면 _____.
   그래서 쇼핑 목록을 작성해서 가지고 가는 것이 도움이 돼요.

4) 가: 교통사고가 나서 약속에 늦었다고 거짓말을 했는데 다들 믿는 것 같았어요.
   나: 거짓말을 하면 잠깐은 속일 수 있을지 몰라도 언젠가 사람들이 _____.
   그럴 땐 솔직하게 말하는 게 나아요.

5) 가: 처음에는 한국 생활이 너무 힘들었는데 6개월 정도 지나니까 이제는 좀 익숙해진 것 같아요.
   나: 처음에는 낯설어도 시간이 지나면 _____. 한국어를 잘하게 되면
   더 편해질 거예요.

6) 가: 날씨가 점점 이상해지는 것 같아. 이제 곧 가을인데 낮 기온이 30도를 넘는 게 말이 돼?
   나: 여름이 아무리 더워도 9월이 지나면 _____. 요즘 바다에서 수영할 때
   춥게 느껴지잖아.

2. 문장을 완성해 보세요.

1) 사람들은 거짓말을 자주 하는 사람의 말을 　안 믿기 마련이다　.

2) 어떤 일을 오랫동안 한 전문가도 가끔은 　　　　　　　　　　　　　.

3) 한 가지 일을 10년 동안 계속하면 　　　　　　　　　　　　　.

4) 물가가 계속 오르면 　　　　　　　　　　　　　.

5) 불만을 이야기하지 않고 계속 참다 보면 　　　　　　　　　　　　　.

6) 같은 재료로 만든 음식이라도 예쁘게 만들면 　　　　　　　　　　　　　.

3. 다음 상황에 맞게 친구와 이야기해 보세요.

학교생활	일상생활	유학 생활
• 새 학기가 시작되면… • 시험 때가 되면… • 방학이 되면…	• 일을 하다 보면… • 나이가 들면… • 기대가 크면…	• 외국에서 살다 보면… • 외국어를 배우다 보면… • 혼자 살다 보면…

요즘 학교에 학생들이 많아진 것 같아요.

새 학기가 시작되면 학교에 학생들이 많아지기 마련이에요.

복습 4

말하기 Speaking

1. 어휘의 의미를 설명해 보세요.

10단원

감싸다 ☐	용서하다 ☐	무시하다 ☐	잔소리하다 ☐
거들다 ☐	인정하다 ☐	우기다 ☐	지적하다 ☐
배려하다 ☐		의심하다 ☐	

겸손하다 ☐	열정적이다 ☐	동정심 ☐	인내심 ☐
공손하다 ☐	신념을 지키다 ☐	배려심 ☐	존경심 ☐
세심하다 ☐		이해심 ☐	

11단원

간접적으로 거절하다 ☐	직접적으로 부탁하다 ☐	번거롭다 ☐	손해를 보다 ☐
도움을 청하다 ☐	핑계를 대다 ☐	쑥스럽다 ☐	어색하다/어색해지다 ☐
솔직하게 말하다 ☐		부담을 주다 ☐	서운하다/서운해하다 ☐

두렵다 ☐	다름을 인정하다 ☐	다행스럽다 ☐	자연스럽다 ☐
적절하다 ☐	좋은 관계를 유지하다 ☐	당황스럽다 ☐	조심스럽다 ☐
원만하다 ☐		부담스럽다 ☐	

12단원

그림의 떡이다 ☐	남의 떡이 더 커 보인다 ☐	보기 좋은 떡이 먹기도 좋다 ☐
작은 고추가 맵다 ☐	미운 아이 떡 하나 더 준다 ☐	개구리 올챙이 적 생각 못 한다 ☐
하늘의 별 따기이다 ☐	호랑이도 제 말 하면 온다 ☐	원숭이도 나무에서 떨어질 때가 있다 ☐
누워서 침 뱉기이다 ☐	떡 줄 사람은 생각지도 않는데 김칫국부터 마신다 ☐	
티끌 모아 태산이다 ☐		

복을 받다 ☐	정직하다 ☐	곰 같다 ☐	청개구리 같다 ☐
벌을 받다 ☐	영리하다 ☐	양 같다 ☐	호랑이 같다 ☐
욕심을 부리다 ☐	어리석다 ☐	여우 같다 ☐	
은혜를 갚다 ☐			

2. **어휘를 사용해서 이야기해 보세요.**

   1) 태도와 마음에 대해 이야기해 보세요.

   - 여러분은 다른 사람의 어떤 태도에서 힘을 얻습니까?
   - 여러분은 어떤 태도를 가진 사람을 피하게 됩니까?
   - 배려심, 이해심, 인내심 중에 가장 중요하다고 생각하는 것은 무엇입니까?

   2) 부탁이나 거절할 때를 생각하며 이야기해 보세요.

   - 부탁을 하거나 거절을 할 때 어떻게 하는 편입니까?
   - 부탁이나 거절을 하기 어려운 이유는 무엇입니까?
   - 직장이나 학교에서의 대인관계에서 어려운 점은 무엇입니까?

   3) 옛날이야기에 대해 이야기해 보세요.

   - 여러분 나라의 옛날이야기에는 어떤 사람/동물이 자주 나옵니까?
   - 여러분 나라의 옛날이야기에 나오는 사람/동물의 성격은 어떻습니까?
   - 여러분 나라에서는 사람의 성격을 설명할 때 어떤 동물과 비교해서 이야기합니까?

3. **12단원에서 배운 속담을 이용해서 게임을 해 보세요.**

   1) 2~3명이 한 팀이 됩니다.
   2) 12단원에서 배운 속담 중 하나를 골라서 다른 친구에게 문제를 냅니다.
   3) 문제를 들은 사람은 어떤 속담인지 답을 맞혀 보세요.

   > 어떤 일이 너무 어려워서 할 수 없다는 뜻이에요. 어떤 속담일까요?

   > 하늘의 별 따기이다!

4. 문법과 표현의 의미를 확인해 보세요.

10단원

동형-을 게 뻔하다 명일 게 뻔하다	가: 지금 버스 타고 가면 약속 시간에 안 늦겠죠? 나: 퇴근 시간이니까 **차가 막힐 게 뻔해요**. 지하철 타고 가는 게 좋을 것 같아요.
동-기(가) 무섭게	가: 혹시 어제 나 코 골지 않았어? 나: 어. 너 정말 피곤했나 봐. 어제 침대에 **눕기가 무섭게** 코를 골더라고.
명은커녕, 동형-기는커녕	요즘 너무 바빠서 **여행은커녕** 산책할 시간도 없다.
명치고	**어린아이치고** 만화 영화를 싫어하는 아이는 없다.

11단원

동형-거든	가: 이 음식은 너무 매워서 먹기가 힘들어요. 나: 그래요? 이 음식이 **너무 맵거든** 다른 메뉴를 더 시키세요.
동-는다기보다는 형-다기보다는 명이라기보다는	가: 왜 많이 안 먹어요? 음식이 입에 안 맞아요? 나: 아니요. 음식이 **입에 안 맞는다기보다는** 조금 전에 간식을 많이 먹어서요.
명대로, 동-는 대로	**계획한 대로** 준비하면 시험에 합격할 수 있을 것이다.
동형-으므로 명이므로	이 식물은 물을 자주 주면 **죽을 수 있으므로** 한 달에 한 번만 물을 주어야 한다.

12단원

동-는다더니, 형-다더니 명이라더니	가: 운전을 배워 보니까 어때요? 나: **배우기가 쉽다더니** 생각보다 어려워요.
설마 동형-겠어(요)?	가: 내년부터 등록금을 50% 인하한대요. 나: **설마** 갑자기 등록금을 **인하할 리가 있겠어요**?
동-는다는 것은 명으로 알 수 있다 형-다는 것은 명으로 알 수 있다 명이라는 것은 명으로 알 수 있다	**이 코트가 유행한다는 것은** 지하철에 탄 **사람들의 옷차림으로 알 수 있다**.
동형-기 마련이다	나쁜 말을 자주 하면 사람들이 **싫어하기 마련이다**.

복습 4

5. **문법과 표현을 사용해서 이야기해 보세요.**

> 1) 동/형-을 게 뻔하다   2) 동-기(가) 무섭게   3) 동/형-거든
> 4) 동-는다기보다는, 형-다기보다는   5) 동-는다더니, 형-다더니   6) 설마 동/형-겠어(요)?

가형
1) 추석에 부산에 가려고 하는데 기차표가 있을까요?
2) 어제 모임에서 못 본 것 같은데 왜 안 왔어요?
3) 머리가 너무 아파서 수업을 더 들을 수 없을 것 같아요.
4) _____ 씨는 또 100점을 받았어요? 머리가 정말 좋은가 봐요.
5) 유명한 장소에 갔는데 들은 것과 달랐던 적이 있습니까?
6) 신문에서 봤는데 죽었다가 살아난 사람이 있대요.

나형
1) 주말에 이사할 때 나나 씨에게 도와 달라고 해도 괜찮을까요?
2) 아침에 일어나면 제일 먼저 무엇을 해요?
3) 한국어 말하기를 연습하고 싶은데 어떻게 해야 할지 모르겠어요.
4) 기운이 없어 보여요. 어디 아파요?
5) 다른 사람이 약속을 안 지켜서 속상했던 적이 있습니까?
6) 뉴스에서 들었는데 열 쌍둥이가 태어났대요.

다형
1) 수업 끝나고 다니엘 씨에게 같이 밥 먹자고 하는 게 어때요?
2) 어제 콘서트 표 예매는 잘했어?
3) 이번 방학에 제주도에 가 보려고 해요.
4) 표정이 안 좋은데 무슨 걱정 있어요?
5) 한국에 오기 전에 들은 것과 한국에 와서 느낀 것에 차이가 있습니까?
6) 우리 반 선생님이 옛날에 아이돌 가수였대요.

추석에 부산에 가려고 하는데 기차표가 있을까요?

추석에는 고향에 가는 사람이 많아서 **표가 없을 게 뻔해요.**

듣기 Listening

[1~4] 다음을 듣고 질문에 답해 보세요.

1. 뉴스를 듣고 알맞은 그래프를 고르세요.

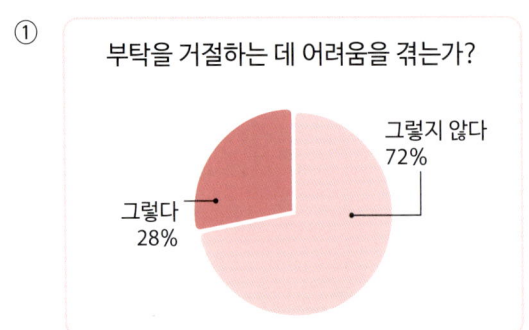

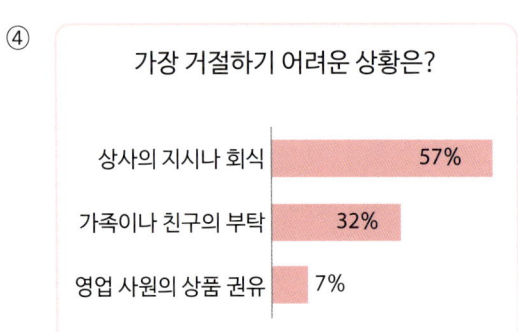

2. 대화가 끝난 후 남자가 이어서 할 행동으로 가장 알맞은 것을 고르세요.

   ① 설거지를 한다.
   ② 음식을 배달시킨다.
   ③ 음식을 다른 그릇으로 옮긴다.
   ④ 숟가락과 젓가락을 가져온다.

3. 대화가 끝난 후 여자가 이어서 할 행동으로 가장 알맞은 것을 고르세요.

   ① 창고에 간다.
   ② 옷을 구경한다.
   ③ 옷을 입어 본다.
   ④ 다른 가게에 간다.

4. 강연을 듣고 남자의 생각으로 가장 알맞은 것을 고르세요.

   ① 자신이 즐길 수 있는 일을 해야 된다.
   ② 좋은 목적이라도 거짓말을 하지 않는 게 좋다.
   ③ 항상 진실을 말하면 상대방을 부담스럽게 만든다.
   ④ 상대방을 배려하기 위해 선의의 거짓말이 필요하다.

진실 truth   선의 good intention

복습 4

[5~6] 다음을 듣고 들은 내용과 같은 것을 고르세요.

5. ① 남자는 여자의 잘못을 지적했다.
② 여자는 남자의 칭찬을 부담스러워한다.
③ 남자는 다음 달에 회사를 그만둘 예정이다.
④ 여자는 자신의 상사가 이해심이 많다고 생각한다.

6. ① 서울시는 이 버스를 운영하지 않을 계획이다.
② 교통 카드가 없으면 이 버스를 이용할 수 없다.
③ 이 버스를 이용할 때 불편을 겪는 사람들이 있다.
④ 이 버스를 탈 때 현금을 내면 할인을 받을 수 있다.

[7~8] 대화를 듣고 질문에 답해 보세요.

7. 두 사람은 무엇에 대해 이야기하고 있습니까?
① 돈을 모아야 하는 이유는 무엇인가?
② 건강과 돈 중에서 무엇이 더 중요한가?
③ 돈과 관련된 속담에는 어떤 것이 있는가?
④ 적은 돈을 모아서 큰돈을 만들 수 있는가?

8. 여자의 생각으로 가장 알맞은 것을 고르세요.
① 무슨 일이든지 꾸준히 하는 것이 좋다.
② 적은 돈은 모아도 큰돈을 만들 수 없다.
③ 돈이 적든지 많든지 아끼는 게 중요하다.
④ 인내심이 부족한 사람은 뭐든지 쉽게 포기한다.

[9~10] 강연을 듣고 질문에 답해 보세요.

9. 이 강연의 제목으로 가장 알맞은 것을 고르세요.
① 상상력을 키우는 방법
② 청개구리 이야기의 교훈
③ 옛날이야기와 현실의 관계
④ 속담을 공부할 때 필요한 것

10. 이 강연을 들은 사람의 반응으로 가장 알맞은 것을 고르세요.
① 설악산 울산 바위와 관련된 옛날이야기가 있구나.
② 청개구리는 실제로는 비 오는 날에 울지 않는구나.
③ 다른 나라에도 한국 옛날이야기와 비슷한 것이 많구나.
④ 청개구리 이야기를 몰라도 '청개구리 같다'의 뜻을 알 수 있구나.

읽기 Reading

[1~6] 다음을 읽고 질문에 답해 보세요.

1. 신문 기사의 제목을 가장 잘 설명한 것을 고르세요.

유명 가수 공연 예매, 하늘의 별 따기

① 유명한 가수의 공연은 가격이 비싸다.
② 유명한 가수의 공연은 예매하기가 아주 어렵다.
③ 유명한 가수의 공연을 미리 보는 것은 쉽지 않다.
④ 유명한 가수가 공연을 하는 것은 여간 어렵지 않다.

2. 다음 글의 내용과 같은 것을 고르세요.

> 최근 디지털 시대가 되면서 다른 사람과 직접 대화하는 것에 어려움을 느끼는 학생들이 많아졌다. 이런 학생들이 읽으면 도움이 될 만한 '청소년들을 위한 대화의 기초'가 출판되었다. 이 책에서는 SNS와 같은 매체를 통해 의사소통하는 방식에 익숙해진 학생들을 위해 원만하게 대화하는 방법을 제시하고 있다. 제일 중요한 것은 쉽고 간단한 것부터 시작하는 것이다. 이를테면 '언니, 형' 같은 친근한 호칭으로 부르기, 칭찬거리 찾기, 헤어질 때 공손하게 인사하기 등과 같은 것이다.

① 요즘 학생들은 온라인에서의 소통을 힘들어 한다.
② 이 책에서는 온라인 공간에서 대화하는 방법을 소개하고 있다.
③ 직접 만나서 대화하는 것과 온라인으로 대화하는 것은 다르지 않다.
④ 이 책에서는 원만하게 대화하기 위해서 쉬운 것부터 연습하라고 제안한다.

3. 다음을 순서대로 맞게 나열한 것을 고르세요.

> (가) 그래서 한국의 속담이나 옛날이야기에 호랑이가 자주 등장하게 된 것이다.
> (나) 옛날에는 사람들이 호랑이한테 피해를 입는 일이 자주 있었기 때문에 호랑이를 두려워했다.
> (다) 예를 들면 욕심을 부리다가 벌을 받거나 어리석은 행동을 하는 사람처럼 호랑이를 그려 냈다.
> (라) 사람들은 이런 두려움을 없애기 위해 호랑이가 나오는 이야기를 만들어서 호랑이를 친근하게 느낄 수 있도록 했다.

① (나)-(가)-(다)-(라)
② (나)-(라)-(다)-(가)
③ (라)-(다)-(가)-(나)
④ (라)-(가)-(나)-(다)

 기초 basic   출판되다 to be published   이를테면 for example

4. 다음 글에서 보기 의 문장이 들어가기에 가장 알맞은 곳을 고르세요.

'금도끼 은도끼'는 착한 사람은 복을 받고 나쁜 사람은 벌을 받는다는 교훈을 주는 이야기이다. (㉠) '금도끼 은도끼' 이야기에는 가난하지만 착한 나무꾼이 나오는데 어느 날 나무꾼은 나무를 하다가 도끼를 연못에 빠뜨리게 된다. (㉡) 그러자 산신령이 나타나 금도끼, 은도끼, 쇠도끼를 차례로 보여 주며 어느 것이 나무꾼의 것인지 물었다. (㉢) 이 이야기를 들은 욕심 많은 나무꾼은 자기도 금도끼와 은도끼를 받으려고 일부러 도끼를 연못에 빠뜨렸지만 결국에는 아무 도끼도 못 받고 자신의 쇠도끼만 잃어버렸다. (㉣)

보기 착한 나무꾼은 정직하게 쇠도끼가 자기 도끼라고 대답해서 금도끼와 은도끼를 선물로 받았다.

① ㉠   ② ㉡   ③ ㉢   ④ ㉣

5. 빈칸에 들어갈 말로 알맞게 연결된 것을 고르세요.

원만하게 사회생활을 하기 위해서 사람마다 노력하는 방법은 다양하다. 밝은 표정으로 좋은 인상을 줄 수도 있고 칭찬과 같은 긍정적인 말로 상대방에게 긍정적인 느낌을 주는 사람도 있다. (㉠) 사회생활을 처음 하거나 대인 관계를 어려워하는 사람은 다른 사람에게 이야기하는 것도 어색해 한다. 회의에서 다른 사람들 앞에 서기만 하면 머리가 하얘진다고 말하는 사람도 있을 정도이다.

소통 전문가들은 대인 관계를 어려워하는 사람들에게 인사를 잘해 보라고 조언한다. (㉡) 다른 사람과 눈이 마주쳤을 때 먼저 "안녕하세요?"나 "식사하셨어요?"와 같은 인사를 건네는 것이다. 인사가 별것 아닌 것처럼 생각되지만 대인 관계의 출발점이기 때문에 상당히 중요하다고 할 수 있다.

① ㉠ 반면에 - ㉡ 그리고   ② ㉠ 그리고 - ㉡ 그렇지만
③ ㉠ 그래서 - ㉡ 이와 같이   ④ ㉠ 그러나 - ㉡ 예를 들면

 건네다 to pass

6. 다음 글의 주제로 가장 알맞은 것을 고르세요.

> 부탁을 받았을 때 그 부탁을 들어줄 수 없는 상황도 있기 마련이다. 부탁을 거절하기가 미안해서 나중에 대답해 준다거나 생각해 보겠다거나 하며 간접적으로 거절하는 경우가 많다. 심지어 부탁을 들어줄 수 없다는 걸 알면서도 거절을 못 하는 성격 때문에 할 수 없는 일을 하겠다고 말하는 사람도 있다. 그러면 부탁받은 일뿐만 아니라 자신의 일도 못 하게 된다. 따라서 부탁을 거절할 때는 애매하게 대답하기보다는 확실하게 거절하는 것이 상대방에게 도움이 된다. 왜냐하면 안 된다는 것을 알아야 다른 방법을 찾을 수 있기 때문이다.

① 거절할 때는 애매한 것보다 확실하게 하는 것이 좋다.
② 거절하기가 어려울 때는 대답을 하지 않는 것이 좋다.
③ 자신의 일보다는 상대방의 부탁을 먼저 들어줘야 한다.
④ 상대방을 배려하기 위해서 바로 거절하지 말아야 한다.

[7~8] 다음을 읽고 질문에 답해 보세요.

> 어떤 일을 할 때 최초로 그 일을 하는 경우나 그 분야에서 제일 앞서가는 사람은 자신의 행동에 책임감을 가져야 한다. 이런 상황을 가리키는 표현으로 (　　　) 말이 있다. 이 말은 최초로 어떤 분야의 일을 할 때나 다른 사람들보다 앞서갈 때 뒤에 따라오는 사람들을 위해서 신중하게 행동하라는 뜻이다.
> 한 마라톤 대회에서 1등으로 달리던 선수가 코스를 벗어났다. 그 뒤를 따르던 수많은 선수들 역시 코스를 벗어나 실격 처리되었다. 이 예에서처럼 어떤 일을 최초로 하게 된다면 그 방법이나 결정에 확신이 들 때 해야 다른 사람이 자신을 따라서 실수하는 것을 막을 수 있다.

7. (　　　)에 들어갈 내용으로 가장 알맞은 것을 고르세요.

① 말만 하지 말고 행동을 하라는
② 눈길을 걸을 때 함부로 걷지 말라는
③ 천재가 되고 싶다면 천재를 따라 하라는
④ 제일 먼저 바다에 뛰어드는 펭귄이 되라는

 심지어 even though　　애매하다 to be vague　　앞서가다 to go ahead　　실격 disqualification

8. 이 글의 중심 생각으로 가장 알맞은 것을 고르세요.

① 자신이 앞서간다면 신중하게 행동해야 한다.
② 목표를 이루기 위해서는 책임감을 가져야 한다.
③ 가장 앞서 나가는 사람도 인정을 받기는 쉽지 않다.
④ 마라톤을 할 때는 자신의 몸 상태에 맞게 뛰는 것이 좋다.

[9~10] 다음을 읽고 질문에 답해 보세요.

> 한국 돈의 앞면에는 주로 사람들에게 존경받는 역사적인 인물이 등장하는데 백 원짜리 동전에는 이순신 장군이 새겨져 있다. 이순신 장군은 나라가 어려운 시기에 뛰어난 능력을 발휘해서 나라를 구한 영웅으로서 한국인이 존경하는 인물 중 한 명으로 꼽힌다.
> 이순신 장군은 뛰어난 능력뿐만 아니라 인상적인 명언을 남긴 것으로도 유명하다. 그 명언 중 "저에게는 아직 열두 척의 배가 있습니다"라는 말이 널리 알려져 있다. 조선 시대에 전쟁이 일어났을 때 전쟁에 사용할 배가 거의 다 부서지고 열두 척밖에 남지 않은 상황이었다. 왕과 신하들은 적에게 항복하려고 했으나 이순신 장군은 이 말을 하고 전쟁에 나가 싸워서 큰 승리를 거뒀다. 이순신 장군은 아무리 어려운 상황이라도 포기하지 않고 싸우면 이길 수 있다는 것을 현대인들에게 알려 준다.

9. 이 글의 제목으로 가장 알맞은 것을 고르세요.

① 한국에서 가장 유명한 명언은 무엇인가?
② 한국 돈은 시대별로 어떻게 바뀌었는가?
③ 새로운 돈에 어떤 인물이 들어가야 하는가?
④ 한국인이 존경하는 이순신 장군은 누구인가?

10. 이 글의 내용과 일치하는 것을 고르세요.

① 조선 시대에는 명언을 남기는 것이 유행했다.
② 이순신 장군이 한 말은 포기하지 말아야 한다는 뜻이다.
③ 이순신 장군의 명언은 현대인에게 널리 알려져 있지 않다.
④ 한국 돈에 넣는 그림은 많은 사람들이 알고 있는 장소이다.

 새겨지다 to be engraved   척 counting unit for ships   적 enemy   항복하다 to surrender

쓰기 Writing

1. 공통으로 들어갈 말을 골라서 알맞게 써 보세요.

> 감싸다   유지하다   인정하다   적절하다

1) 유진 씨는 직장 동료들과 좋은 관계를 _____ 위해서 노력하고 있다.
   고속 도로에서는 사고가 나지 않도록 앞차와의 거리를 일정하게 _____ 것이 중요하다.

2) 소날 씨가 비를 많이 맞았다. 감기에 걸릴 것 같아서 우선 담요로 몸을 _____ 줬다.
   아이가 작은 실수를 했을 때는 무조건 혼내는 것보다 잘못을 _____ 것이 좋다.

3) 기자들이 한 배우에게 음주 운전을 했느냐고 질문했다. 그 배우는 잘못을 _____ 사과했다.
   모든 사람이 나와 같은 생각을 할 수는 없다. 다른 사람에게서 실망하거나 상처를 받지 않으려면 다름을 _____ 수 있어야 한다.

2. 알맞은 말을 골라서 대화를 완성해 보세요.

> 번거롭다   거들다   쑥스럽다   세심하다   자연스럽다   정직하다

1) 가: 다니엘 씨는 정말 한국 사람처럼 한국말을 잘하는 것 같아요.
   나: 맞아요. 특히 발음이 _____ 말하는 것만 들으면 외국인인지 모를 정도예요.

2) 가: 혹시 주말에 시간이 있어요? 저하고 영화 보러 갈래요?
   나: 미안하지만 다음에 봐요. 친구가 이사한다고 해서 좀 _____ 주려고요.

3) 가: 다음 주 모임에서 다 같이 김밥을 만들어 먹을까요?
   나: 재료를 여러 가지 준비해야 돼서 만들기가 _____ 그냥 사다 먹는 게 어때요?

4) 가: 아버지를 가장 존경한다고 하셨는데 그 이유는 무엇입니까?
   나: 제가 아버지를 존경하는 이유는 자기 자신의 이익을 위해 다른 사람을 속이지 않고 항상 _____ 일하셨기 때문입니다.

일정하다 to be consistent

3. **주어진 말을 사용해서 대화를 완성해 보세요.**

   1) 가: 주말에 영화 봤다면서요? 재미있었어요?
      나: 아니요. _____ 내용이 너무 지루해서 보다가 졸았어요. (재미있다)

   2) 가: 우와, 라면 정말 잘 끓였네요. 라면을 맛있게 끓이는 비법이 있어요?
      나: 특별한 비법이 있는 건 아니에요. 그냥 라면 포장지에 나와 있는 _____ 만들었어요. (조리법)

4. **틀린 부분을 찾아서 맞게 고쳐 보세요.**

   > 공부하다가 모르는 것이 있거든 선생님에게 물어보고 있다. ➡ 물어보세요

   1) 한국 사람치고 김치를 안 먹어 본 사람은 있다.

   2) 지금이 여름인데 설마 눈이 오겠지요?

5. **알맞은 표현을 골라서 대화를 완성해 보세요.**

   > -거든   -으므로   -는다더니   -는다기보다는

   1) 가: 오늘 비가 올 줄 알았는데 날씨가 참 좋네요.
      나: 그러게요. 일기 예보에서 _____ 비는 안 오고 햇볕이 강하네요.

   2) 가: 커피를 자주 마시는 것 같아요. 커피를 좋아하세요?
      나: _____ 졸릴 때마다 습관적으로 마시는 것 같아요.

   3) 가: 학교 근처에 집을 구하고 있는데 월세가 너무 비싸요. 혼자 월세를 낼 수 있을지 걱정이에요.
      나: 월세를 혼자 내기 _____ 룸메이트를 찾아보는 게 어때요?
      가: 아, 그것도 좋은 방법이네요.

포장지 wrapping paper

6. 다음 표현을 사용해서 '어떤 사람이 친구인가?'에 대한 글을 200~300자로 쓰세요.

-으므로   -기 마련이다   -는다는 것은 -으로 알 수 있다

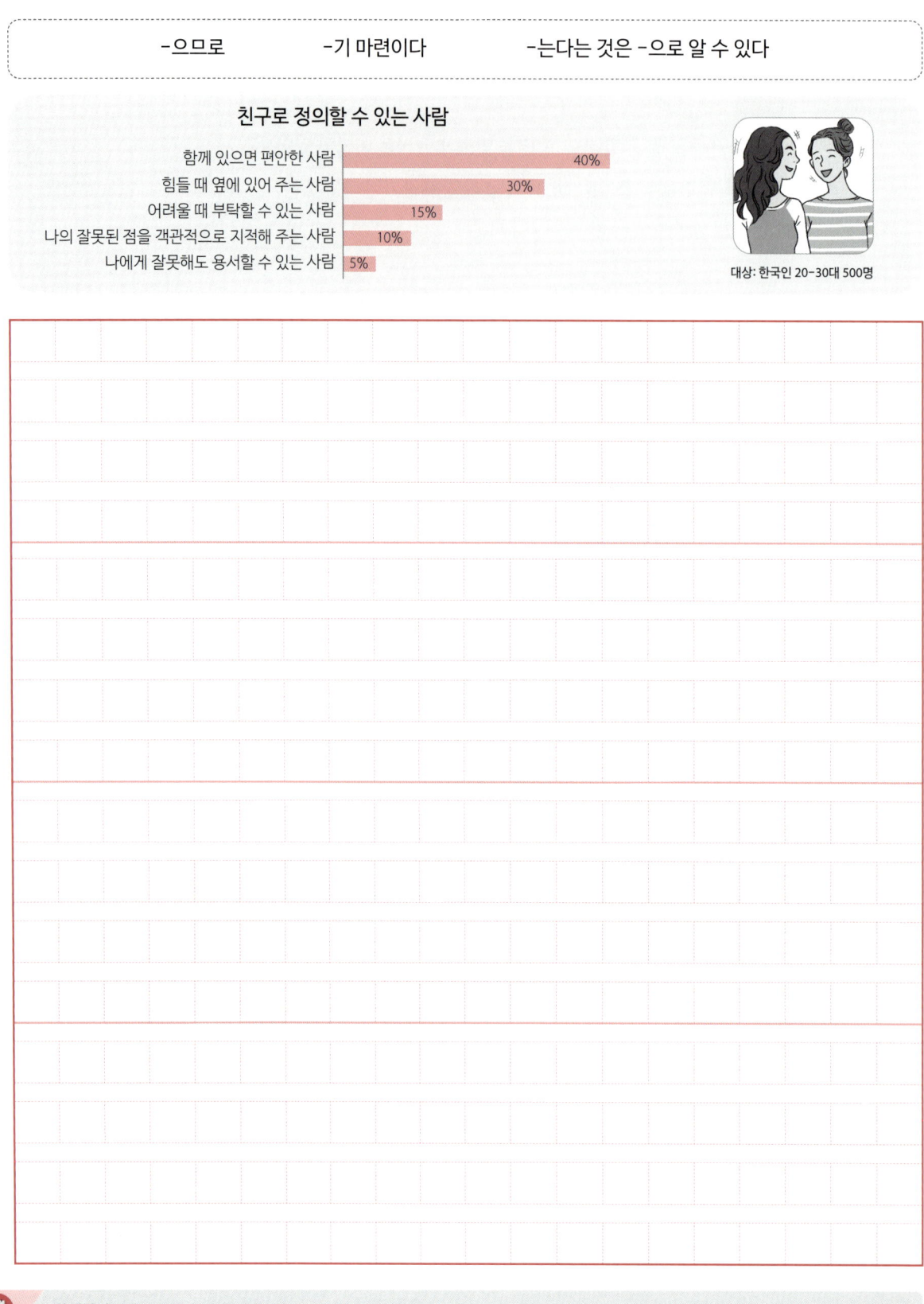

친구로 정의할 수 있는 사람
- 함께 있으면 편안한 사람 40%
- 힘들 때 옆에 있어 주는 사람 30%
- 어려울 때 부탁할 수 있는 사람 15%
- 나의 잘못된 점을 객관적으로 지적해 주는 사람 10%
- 나에게 잘못해도 용서할 수 있는 사람 5%

대상: 한국인 20-30대 500명

정의하다 to define

발음 Pronunciation

🎧 잘 들어 보세요.

❶ 제 잘못만 **지적할 게 뻔해요**.
❷ 좀 이따가 자밀라가 온다는데 **아직 안 먹었거든** 같이 먹자.
❸ 학교에서 모집하는 아르바이트는 **경쟁률**이 아주 높대요.

🎧 잘 듣고 따라 해 보세요.

❶ 늦잠 자는 걸 보니 밤새 **게임을 했을 게 뻔해**.
❷ **별일 없거든** 같이 밥 먹으러 가자.
❸ 내일 비가 올 **확률**은 70%래요.

🎧 잘 듣고 친구와 연습해 보세요.

❶ 가: 민수 씨가 왜 아직도 안 오죠?
　나: 그 친구는 약속 시간에 항상 늦으니까 오늘도 늦게 **올 게 뻔해요**.

❷ 가: **시간이 있거든** 나랑 같이 책 사러 광화문에 갈래?
　나: 좋아. 수업 끝나고 같이 가자.

❸ 가: 대학에서 어떤 것을 전공해야 취업이 잘될까요?
　나: 경영학과를 졸업한 학생들의 **취업률**이 높은 편이에요.

13

논란거리 Controversies

13-1 사회 문제
13-2 의견과 비판

	어휘	논란, 문제 해결 과정과 방법
13-1	문법과 표현	동-는지 동-는지, 형-은지 형-은지, 명인지 명인지
		동형-을지도 모르다, 명일지도 모르다
13-2	어휘	문제 상황과 의견, '불-'
	문법과 표현	명과 달리
		동-느니 (차라리)

어휘 Vocabulary

1. 알맞은 말을 골라서 대화를 완성해 보세요.

> 논란이 되다   문제가 되다/안 되다
> 갈등이 생기다   이해관계가 다르다   입장이 다르다

1) 가: 패션쇼에 나오는 모델들은 모두 너무 마른 것 같아요.
   나: 안 그래도 모델들의 마른 몸이 일부 청소년에게 나쁜 영향을 주고 있어서 <u>문제가 되고 있어요</u>.

2) 가: 가수 강민정이 개인 방송에서 들고 나온 가방이 예뻐서 샀는데 그 방송이 가방 광고였대요. 그 가수에게 속은 것 같아서 기분이 나쁘더라고요.
   나: 요즘 연예인들이 광고를 위해 받은 물건을 방송에서 직접 돈을 주고 산 물건인 것처럼 이야기해서 _____ 있어요.

3) 가: 직장에서 40~50대와 20~30대 사이에 문제가 생기는 경우가 많대. 이렇게 _____ 이유는 뭘까?
   나: 20~30대는 일을 잘하는 것을 가장 중요하다고 생각하는 반면에 40~50대는 같이 일하는 사람과의 관계를 중요하게 생각하기 때문인 것 같아.

4) 가: 올해는 작년보다 월급이 올랐으면 좋겠는데 쉽지 않겠죠?
   나: 회사는 인건비를 줄여야 좋다고 생각할 것 같아요. 반면에 직원은 월급을 더 받고 싶어 하고요. 회사와 직원의 _____ 월급이 오르기 쉽지 않은 것 같아요.

5) 가: 학생들에게는 공부가 인생의 전부가 아니라고 하면서 내 아이에게는 공부를 열심히 하지 않으면 인생이 힘들어진다고 했어. 왜 학생들과 내 아이에게 하는 말이 이렇게 다를까?
   나: 그건 네 _____ 그렇지. 자식한테는 엄마고 학생들에게는 선생님인데 어떻게 똑같이 말할 수 있겠어.

인건비 labor cost

2. 알맞은 말을 골라서 대화를 완성해 보세요.

> 요구하다   항의하다
> 반대에 부딪히다   갈등을 해결하다/풀다   해결책을 찾다

1) 가: 요즘 대학에서 등록금을 인상하기로 해서 학생들의 불만이 많은 것 같아.
   나: 맞아. 그래서 어떤 학생들은 등록금을 인상할 거면 학생들을 위한 편의 시설을 늘려 달라고 학교에 <u>요구하더라고</u>.

2) 가: 한국의 출생률이 빠르게 감소하고 있다는 기사 봤어요? 생각보다 상황이 심각한 것 같아요. 지금 문제를 해결하지 않으면 인구가 절반으로 줄어들 수도 있대요.
   나: 네. 전문가들이 이 문제에 대한 _____ 위해서 노력하고 있다는데 쉽지 않은가 봐요.

3) 가: 어제 윗집에서 새벽 2시가 넘었는데 음악을 크게 틀어 놓고 파티를 하더라고. 시끄러워서 잠을 잘 수가 없었어.
   나: 윗집에 _____ 그랬어? 아파트 같이 여러 사람이 함께 사는 건물에서 다른 사람에게 피해를 주면 안 되지.

4) 가: 정부에서 올해 세금을 올리려고 하는데 과연 올릴 수 있을까요?
   나: 세금을 쉽게 올리지는 못할 것 같습니다. 세금을 올리려는 정책이 국민들의 _____ 몇 년째 올리지 못하고 있습니다.

5) 가: 아이를 데리고 공원에 산책을 갔는데 공원에서 담배 피우는 사람들이 많아서 그냥 돌아왔어. 사람들이 많은 공원에서 꼭 담배를 피워야 할까?
   나: 흡연자와 비흡연자 사이의 _____ 어려운 것 같아. 흡연자들은 금연 구역이 너무 많아서 담배 피울 곳이 없다고 불만이 많거든.

3. 다음 문제에 대해 여러분은 어떻게 생각합니까? 친구와 이야기해 보세요.

- 초등학생들이 화장을 하는 것
- 회사에서 옷차림과 화장법을 정해 주는 것(승무원 복장, 화장…)
- 강아지를 키울 때 반드시 보험을 들어야 하는 것

> 초등학생들이 화장을 해도 괜찮은지 아닌지가 논란이 되고 있습니다. 화장품이 아이들의 피부에 좋지 않기 때문에 어린 나이에 화장을 시작하는 것은 문제가 된다는 의견도 있는 반면에 화장을 하지 않으면 다른 친구들과 어울릴 수 없어서 어쩔 수 없다는 의견도 있습니다. 제 생각에는….

출생률 birth rate   **옷차림** attire

문법과 표현 1   동-는지 동-는지, 형-은지 형-은지, 명인지 명인지

1. **대화를 완성해 보세요.**

    1) 가: 인터넷에서 사면 싸다는데 정말 그럴까요?
       나: 대부분 인터넷에서 사면 싸다고 하는데 정말 인터넷이 <u>싼지 비싼지</u> 궁금해요.

    2) 가: 비타민을 꾸준히 먹으면 건강에 좋다는 이야기를 들었어요.
       나: 저도 그 이야기를 들었는데 진짜로 비타민이 건강에 _____
          논란이 많더라고요.

    3) 가: 공장이나 가게에서 사람이 할 일을 기계가 대신하는 것이 사람들에게 유리할까요?
       나: 글쎄요. 기계가 사람을 대신하는 것이 사람에게 _____
          확실하지 않다는 의견이 있습니다.

    4) 가: 주말에 치과에 가야 하는데 주말에도 문을 여는 치과 아세요?
       나: 제가 다니는 치과가 있는데 그 치과가 _____ 알아볼게요.

    5) 가: 이 옷 입어 봐도 될까?
       나: 글쎄. 저기 직원이 있으니까 _____ 물어보면 되겠다.

    6) 가: 임신 축하해요. 딸이에요, 아들이에요?
       나: 고마워요. 아직 _____ 몰라요.

2. 대화를 완성해 보세요.

1) 가: 다음 달부터 지하철 요금이 오른다면서요?
   나: 아직 결정되지는 않았대요. 정부에서 요금을 <u>올릴지 말지</u> 논의를 하고 있다고 해요.

2) 가: 학교 축제를 시험 전에 개최하자는 의견이 있었는데 더 논의해야 할까요?
   나: 네. 반대 의견이 있었기 때문에 _____ 더 의논해야 한다고 생각합니다.

3) 가: 이 음식 정말 매워 보여요.
   나: 사람들이 다 눈물이 날 정도로 맵다고 하던데 진짜 _____ 궁금해요.

4) 가: 뭘 그렇게 열심히 보고 있어?
   나: 인터넷으로 옷을 사려고 하는데 화면으로만 봐서는 나한테 _____ 모르겠어.

5) 가: 집에서 공항까지 버스가 빠를까요? 지하철이 빠를까요?
   나: 저도 _____ 잘 모르겠어요.

3. 그림을 보고 문장을 완성해 보세요.

1) 어떤 시간에 운동하는 게 좋을까?
   <u>어떤 시간에 운동을 하는 게 좋은지</u> 알고 싶어요.

2) 왜 매운 음식이 많을까?
   한국에는 _____ 궁금해요.

3) 뭐라고 말하는 거지?
   너무 빨리 말해서 _____ 잘 모르겠네.

4) 누가 소감을 말할까?
   졸업식에서 _____ 결정해야 합니다.

5) 이 제품이 얼마나 잘 팔릴까?
   신제품 출시하기 전에 _____ 조사하고 있습니다.

문법과 표현 2   동형-을지도 모르다, 명일지도 모르다

1. **대화를 완성해 보세요.**

   1) 가: 오늘 3시쯤 택배가 온다고 했는데 아직도 안 왔어.
      나: 가끔 택배가 늦어지는 경우가 있더라고. <u>저녁에 올지도 모르니까</u> 좀 더 기다려 봐.

   2) 가: 떡볶이에 고추장을 너무 많이 넣은 것 같은데 소날 씨가 못 먹으면 어떡하죠?
      나: 소날 씨는 매운 음식을 좋아한다고 했으니까 이 떡볶이도 _____.

   3) 가: 이 옷 어때? 봄이라서 새로 한 벌 샀는데 내일 데이트할 때 이거 입고 나갈까?
      나: 일기 예보에서 내일 바람이 많이 불 거라던데? 옷이 얇아서 좀 _____.

   4) 가: 새로 개봉한 영화가 재미있다던데 주말에 보러 갈래?
      나: 그 영화가 인기가 많아서 주말에는 _____.

   5) 가: 소날 씨 집에 초대받았지요? 만나서 같이 갈까요?
      나: 먼저 가세요. 저는 어디 들렀다 가야 돼서 좀 _____.

2. **대화를 완성해 보세요.**

   1) 가: 나나 씨가 면접이 끝나면 전화한다고 했는데 아직 연락이 없네요.
      나: 지금쯤이면 면접이 <u>끝났을지도 몰라요</u>. 기다리지 말고 먼저 전화해 보는 게 어때요?

   2) 가: 어제 내가 사다 놓은 과자가 어디 갔지? 안 보이네?
      나: 그거 민수가 다 _____. 아까 배고프다고 하면서 먹을 걸 찾더라고.

   3) 가: 왜 유미 씨가 갑자기 회사를 그만뒀을까요?
      나: 유미 씨가 매주 복권을 사더라고요. 어쩌면 복권에 _____.

4) 가: 저 두 사람 왜 아무 말도 안 해? 그렇게 서로 좋아하더니 오늘은 좀 분위기가 다르네.
   나: 결혼 문제로 _____. 테오 씨는 결혼하고 싶어 하는데 여자 친구는 결혼 생각이 없다고 했대.

5) 가: 여기가 왜 이렇게 빨갛고 가렵지?
   나: 요즘은 겨울에도 모기가 있다고 하던데? 모기에 _____.

3. 다음 상황에 맞게 친구와 이야기해 보세요.

   - 며칠째 폭우가 내린다.
   - 나는 돈을 계획 없이 쓴다.
   - 길에 눈이 쌓여서 미끄럽다.
   - 햇볕이 강한데 모자 없이 매일 운동한다.
   - 친구가 사람들에게 자주 돈을 빌려 달라고 한다.

   홍수가 나다   생활비가 모자라다   길이 막히다

   피부가 나빠지다   사람들이 그 친구를 피하다

며칠째 폭우가 내리고 있어요.

이렇게 비가 많이 오면 홍수가 날지도 몰라요.

홍수가 나다 to flood

어휘 Vocabulary

1. 알맞은 말을 골라서 대화를 완성해 보세요.

> 차별하다/차별을 받다   제한하다   비난하다/비난을 받다
> (불편을 겪다)   피해를 입다   양해를 구하다

1) 가: 엘리베이터가 고장 나서 주민들이 <u>불편을 겪고</u> 있는데요. 언제쯤 수리가 됩니까?
   나: 지금 수리하고 있습니다. 조금만 더 기다려 주세요.

2) 가: 친구가 전해 줄 물건이 있다고 잠깐 나오라고 하는데 어떡하지? 수업 중간에 나가면 방해가 될 것 같은데….
   나: 먼저 선생님과 친구들한테 _____ 잠깐 나갔다가 오면 되지 않을까?

3) 가: 이번 태풍 때문에 이 지역은 집이 물에 잠기고, 수확을 앞둔 사과나 배가 떨어지는 등 경제적인 문제가 심각합니다.
   나: 네. 태풍 때문에 _____ 분들을 돕기 위해서 성금을 모으고 있습니다. 여러분의 작은 정성이 큰 힘이 될 것입니다.

4) 가: 인기 가수가 SNS에 동료의 개인적인 사진을 올린 일이 큰 문제가 되고 있대요.
   나: 연예인들은 말과 행동을 조심해야 하는 거 아니에요? 동료의 허락도 받지 않고 마음대로 사진을 올렸으니까 _____ 만해요.

5) 가: 우리 어머니는 저랑 동생을 _____ 것 같아요.
   나: 왜 그런 생각을 하게 되었어요?
   가: 동생한테는 청소하라는 말씀을 안 하시는데 저한테는 매일 청소하라고 잔소리를 하시거든요.

6) 경찰: 과속하셨습니다. 운전면허증을 보여 주십시오.
   시민: 40km/h로 달렸는데 과속이라고요?
   경찰: 이 도로는 어린이보호구역이라서 속도를 30km/h로 _____ 있습니다.

 수확 harvest   성금을 모으다 to collect donation   어린이보호구역 child safety zone

2. 어울리는 표현을 찾아서 연결해 보세요.

1) 신입 사원 김민수 씨는 매일 지각을 할 뿐만 아니라 일과 시간에 조는 일도 자주 있습니다. • • 불필요한 걱정

2) 내일 면접시험이 있는데 갑자기 지하철이 고장 나서 면접에 늦으면 어떻게 하지요? 또 갑자기 비가 와서 길이 다 막힐 수도 있고요…. 걱정이 돼서 잠을 못 자겠어요. • • 불공평한 일

3) 한국어를 배우기 시작한 지 한 달이 되었는데요. 한 달 더 공부하면 한국어능력시험 6급을 받을 수 있겠죠? 그리고 한국 사람처럼 이야기할 수 있을 거예요. • • 불성실한 태도

4) 선생님, 제가 아직 숙제를 못 했는데요. 저는 평소에 숙제를 잘 냈으니까 저만 숙제 내는 날짜를 좀 미뤄 주세요. 아무한테도 말하지 않을게요. • • 불친절한 직원

5) 어제 간 식당에서 직원에게 반찬을 더 달라고 했는데 없다고 하는 거예요. 그리고 물도 가져다 달라고 했는데 직접 가져다 먹으라고 하는 거 있죠. • • 불가능한 목표

문법과 표현 3 명과 달리

1. 그림을 보고 대화를 완성해 보세요.

1)

가: 요리학과의 수업이 다른 전공 수업과 다른 점은 무엇입니까?
나: 요리학과 수업은 <u>다른 수업과 달리</u> 실습의 비중이 높습니다. 전체 수업의 80%가 실습으로 진행된다는 특징이 있습니다.

2)

가: 영화 '하얀 꽃' 2편이 지난 주말에 개봉했다면서요? 영화를 봤어요?
나: 네. 그런데 2편은 _____ 배우들 연기도 별로이고, 관객들의 평가도 좋지 않더라고요.

3)

가: 다니엘 씨, 다니엘 씨의 형이 유명한 배구 선수라면서요? 다니엘 씨도 배구 잘해요?
나: 아니요. 저는 _____ 운동에 소질이 없어요.

4)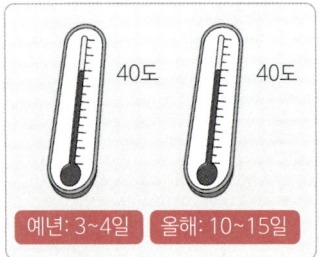

가: 올해 날씨는 어떨 것으로 예상하십니까?
나: 올해는 _____ 폭염이 계속되는 날이 늘 것으로 예상됩니다.

5)

가: 지역별로 김치 맛이 다르다고 들었는데 남부 지방 김치의 특징은 무엇입니까?
나: 남부 지방 김치는 _____ 맵고 짠 것이 특징입니다.

2. 대화를 완성해 보세요.

1) 가: '하얀 꽃'이라는 영화 봤어요? 재미있다고 입소문이 났던데요.
   나: 저도 재미있다는 이야기를 듣고 보러 갔는데 <u>소문과 달리</u> 별로 재미없더라고요.

2) 가: 이 음식 이름이 뭐예요? 색깔을 보니까 엄청 매워 보이는데요.
   나: 닭갈비예요. _____ 별로 맵지 않으니까 한번 드셔 보세요.

3) 가: 새로 오신 부장님 어떠세요? 좀 무서워 보이던데….
   나: 처음 만났을 때는 무뚝뚝해 보여서 대하기가 어려웠는데요. _____ 친절한 분이시더라고요.

4) 가: 시험 잘 봤어요? 그동안 열심히 준비했으니까 잘 봤을 것 같은데요.
   나: 저도 생각보다 시험이 쉬워서 좋은 점수를 받을 거라고 기대했어요. 그런데 _____ 시험 점수가 높지 않더라고요.

5) 가: 이번 축구 대회에서 어느 팀이 우승했어요? 모두들 서울대가 우승할 거라고 예상했잖아요.
   나: 네. 저도 서울대가 우승할 거라고 생각했는데요. _____ 한국대가 우승했어요. 서울대 선수들이 부상을 당하는 바람에 경기를 잘하지 못했거든요.

3. 친구와 이야기해 보세요.

- 3급과 4급의 다른 점
- 내가 10년 전과 달라진 점
- 한국과 우리 나라의 다른 점
- 처음 만났을 때와 달라진 친구

> 3급에서 공부하는 것과 4급에서 공부하는 것이 뭐가 달라요?

> 4급에서는 3급과 달리 글을 쓸 때 사용하는 표현을 많이 배우는 것 같아요.

문법과 표현 4 동-느니 (차라리)

1. 대화를 완성해 보세요.

1) 가: 민수 어때? 민수가 너 좋아하는 것 같은데 만나 볼래? 지금 사귀는 사람도 없잖아.
   나: 싫어. 민수랑 나는 성격이 너무 안 맞아. 성격이 안 맞는 사람을 <u>만나느니 차라리</u> 혼자 지내는 게 나아.

2) 가: 우리 회사는 휴일이 거의 없고 매일 야근이야. 월급은 많지만 일이 너무 많아.
   나: 월급은 많지만 일이 많은 회사에서 _____ 월급은 적지만 일이 바쁘지 않은 회사에서 일하는 게 나을 것 같아.

3) 가: 오늘은 오랜만에 공포 영화 보러 갈래? 집에 혼자 있으면 심심하잖아.
   나: 나는 공포 영화가 정말 싫어. _____ 심심해도 혼자 집에 있는 게 낫겠어.

4) 가: 아까 신어 본 신발 예쁘던데 왜 안 사?
   나: 예쁜데 너무 불편해. 불편한 _____ 예쁘지는 않지만 편한 운동화를 사는 게 낫겠어.

5) 가: 발표 준비 잘하고 있어요?
   나: 아니요. 저는 발표할 때 너무 떨어서 걱정이에요. 사람들 앞에서 _____ 발표를 안 하고 0점을 받는 게 낫겠다고 생각할 때도 있어요.

6) 가: 이번 축제에서 뭐 할까요? 같이 노래할까요?
   나: 저는 노래는 정말 못해요. 사람들 앞에서 _____ 춤을 추겠어요.

2. 바르게 연결하고 대화를 완성해 보세요.

1) 사과를 하다 • • 회사에 계속 다니다
2) 거짓말을 해서 곤란해지다 • • 다시는 안 보다
3) 창업을 해서 고생하다 • • 사실대로 말하다
4) 계속 스트레스를 받다 • • 돈이 더 들어도 혼자 살다

1) 가: 어제 민수하고 싸웠다며? 먼저 사과하는 게 어때?
   나: 나는 잘못한 거 하나도 없어. 민수에게 먼저 사과를 하느니 다시는 안 보는 게 낫겠어.

2) 가: 우리는 콘서트 표를 다 샀는데 진수만 못 구했대. 우리도 못 샀다고 말할까?
   나: _____. 민수만 못 가는 게 아쉽기는 하지만 우리도 어렵게 구한 표고 콘서트에 안 갈 것도 아니잖아.

3) 가: 회사 다니기가 너무 힘들어서 내년에는 회사를 그만두고 창업을 할까 하는데 어떻게 생각해?
   나: 요즘 경기가 안 좋아서 창업이 너무 어렵대. _____.

4) 가: 이번에 바뀐 룸메이트 어때? 이번에는 잘 맞아?
   나: 나랑 너무 안 맞아. 이런 친구랑 같이 살면서 _____.

3. 다음 상황에서 어떤 선택을 할지 이야기해 보세요.

- 비행기를 탔는데 기내식으로 못 먹는 음식이 나왔다.
- 룸메이트와 성격이 너무 안 맞는다.
- 목이 마른데 내가 싫어하는 음료수만 있다.
- 새로 들어 온 신입 사원이 일을 너무 못한다.

저는 오이를 못 먹는데 비행기에서 기내식으로 준 음식에 오이가 들어 있었어요. 배가 고팠지만 오이를 먹느니 차라리 굶는 게 나을 것 같아서 그냥 잤어요.

기내식 in-flight meal

14 언어와 생활
Language & Life

14-1 다양한 언어 사용

14-2 흥미로운 언어

	어휘	'-말/-어', 언어 사용 찬반
14-1	문법과 표현	동-는 데다가, 형-은 데다가, 명인 데다가
		동-기는 하는데, 형-기는 한데, 명이기는 한데
14-2	어휘	언어 습관과 말하는 방식, 말의 사용
	문법과 표현	명에 비해(서)
		명이며 명이며

어휘 Vocabulary

1. 알맞은 말을 골라서 대화를 완성해 보세요.

> ~~친근한 느낌이 들다~~   의사소통이 잘되다   시간을 절약하다   표현이 풍부해지다
> 오해가 생기다   대화가 끊기다   안 좋은 인상을 주다   못 알아듣다

1) 가: 방학에 친구 고향에 놀러 갔는데 친구가 고향 사람들과 사투리로 하는 말을 하나도 못 알아듣겠더라고요.
   나: 저도 고향에 돌아가면 사투리를 써요. 고향 사람들과 사투리로 이야기하면 <u>친근한 느낌이 들어서</u> 가족 같고 편한 느낌이에요.

2) 가: 한국어 배우면서 언제가 가장 기분이 좋았어요?
   나: 고향에서 한국어를 6개월 정도 공부하고 한국에 왔는데 말이 안 통할까 봐 걱정을 많이 했어요. 그런데 생각보다 사람들과 _____ 기분이 너무 좋았어요.

3) 가: 이가 아파서 치과에 가야겠어.
   나: 치과 가려면 예약하고 가. 예약 안 하고 가면 오래 기다려야 해. _____ 위해서는 꼭 예약을 하고 가는 게 좋아.

4) 가: 줄임말 사용에 대해서 어떻게 생각해요? 저는 재미도 있고 빨리 말할 수 있어서 좋은 것 같아요.
   나: 저는 좀 생각이 다른데요. 줄임말하고 비슷한 다른 단어가 있으면 _____ 수도 있어서 별로 안 좋다고 생각해요.

5) 가: 내일 면접시험을 보는데 너무 떨려요. 면접 볼 때 뭘 조심해야 할까요?
   나: 면접시험에서 유행어를 많이 말하면 사람이 가벼워 보여서 _____ 수 있으니까 유행어 같은 말은 안 쓰는 게 좋을 것 같아요.

6) 가: 새로 만난 친구랑 같이 점심 먹었다면서요? 어땠어요?
   나: 서로 관심 주제가 달라서 자꾸 _____. 그럴 때마다 무슨 이야기를 해야 될지 몰라서 힘들었어요.

7) 가: 벌써 한국어를 배운 지 1년이 되었군요. 1급 때와 비교해 보면 어때요?
   나: 1급 때는 '좋아요, 재미있어요'처럼 아주 간단한 말만 할 수 있었어요. 그런데 이제는 같은 상황에서도 여러 표현을 쓸 수 있을 만큼 제 한국어 _____ 것 같아요.

2. 어울리는 표현을 찾아서 연결해 보세요.

1) 어제 교수님에게 "밥 먹었어?"라고 물어봤는데 분위기가 좀 이상했어요. • • 줄임말을 사용하다

2) 컴퓨터와 관련된 일이 많이 생기면서 새로운 말도 많이 만들어졌어요. • • 반말을 하다

3) 친구하고 커피숍에 갔을 때 친구가 '아아'를 마시겠다고 했는데 무슨 말인지 몰랐어요. • • 유행어를 찾아보다

4) 전라도에 여행을 갔다가 지나가는 사람에게 길을 물어봤는데 하나도 못 알아들었어요. • • 신조어가 생기다

5) 친구가 '헐', '대박'이라는 말을 자주 사용해서 사전에서 찾아봤는데 사전에는 없는 말이었어요. • • 사투리를 이해 못 하다

6) 관광객들이 많이 가는 명동에는 영어나 중국어와 같이 다른 나라 말로 쓰여 있는 간판이나 메뉴판이 많아요. • • 외국어로 쓰여 있다

3. 다음 언어를 쓸 때 장점과 단점은 무엇인지 친구와 이야기해 보세요.

유행어   신조어   줄임말   존댓말

반말   사투리   표준어

유행어를 쓸 때의 장점은 친근한 느낌이 든다는 거예요. 유행어를 사용하면 우리끼리만 아는 비밀이 있는 것 같은 느낌이거든요. 그리고 평소에는 안 쓰던 말을 쓰니까 표현이 풍부해지는 것 같아요. 물론 단점도 있는 것 같아요. 예를 들면 유행어를 모르는 사람과 이야기를 할 때 중간에 대화가 끊길 수도 있어요.

문법과 표현 ❶ 동-는 데다가, 형-은 데다가, 명인 데다가

1. 그림을 보고 대화를 완성해 보세요.

1)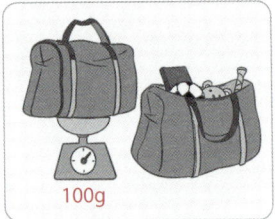

가: 그 가방을 새로 샀나 봐요. 어때요?
나: 가방이 <u>가벼운 데다가</u> 물건도 많이 들어가서 좋아요.

2)

가: 그 신발이 왜 그렇게 잘 팔려요?
나: 새로 나왔는데 _____ 가격도 싸서 인기가 많대요.

3)

가: 주말에 뭐해요? 약속 없으면 한강공원에 갈까요?
나: 요즘 날씨가 _____ 한강에 가면 바람도 많이 불어서 힘들 거예요. 한강 말고 다른 데 가요.

4)

가: 저기에 있는 식당은 사람이 많은데 그 옆 식당은 왜 사람이 별로 없어요?
나: 아. 그 식당은 직원들이 _____ 음식도 맛없어서 그럴 거예요.

5)

가: 진수 씨는 신입 사원인데도 일을 잘하네요.
나: 진수 씨는 머리가 _____ 일 처리도 빨라서 주위 사람들에게 좋은 평가를 받고 있어요.

6)

가: 어제 민수 씨랑 한국전통박물관에 갔다면서요? 재미있었어요?
나: 말도 마세요. _____ 에어컨도 고장 나서 힘들었어요.

일 처리가 빠르다 to be fast at one's work

2. 주어진 표현을 사용해서 대화를 완성해 보세요.

1) 가: 오늘 왜 늦었어요?
   나: 아침에 <u>늦게 일어난 데다가</u> 오다가 사고도 나서 늦었어요.
   　　　　　(늦게 일어났다)

2) 가: 길이 왜 이렇게 막히지요?
   나: _____ 저 앞에서 공사도 해서 평소보다 더 막히는 것 같아요.
   　　　　(주말이다)

3) 가: 요즘 얼굴이 안 좋아 보여요. 어디 아파요?
   나: 밥을 먹기만 하면 _____ 자꾸 가스가 차서 불편해요.
   　　　　　　(소화가 안 된다)

4) 가: 이거 좀 먹어 보세요.
   나: 고맙지만, 한 시간 전에 _____ 디저트로 케이크도 먹어서 배가 불러요.
   　　　　　　　(점심을 먹었다)

5) 가: 오늘 발표인데 안 떨려요?
   나: 네. _____ 준비도 많이 해서 잘할 수 있을 것 같아요.
   　　(평소에 관심을 갖고 있던 주제이다)

6) 가: 이제 한국 생활에 익숙해졌어요?
   나: 그럼요. 저도 벌써 _____ 친구들도 많이 사귀어서
   　　　　　　　(한국에서 5년 동안 살았다)
   한국이 우리 고향 같아요.

3. 친구와 이야기해 보세요.

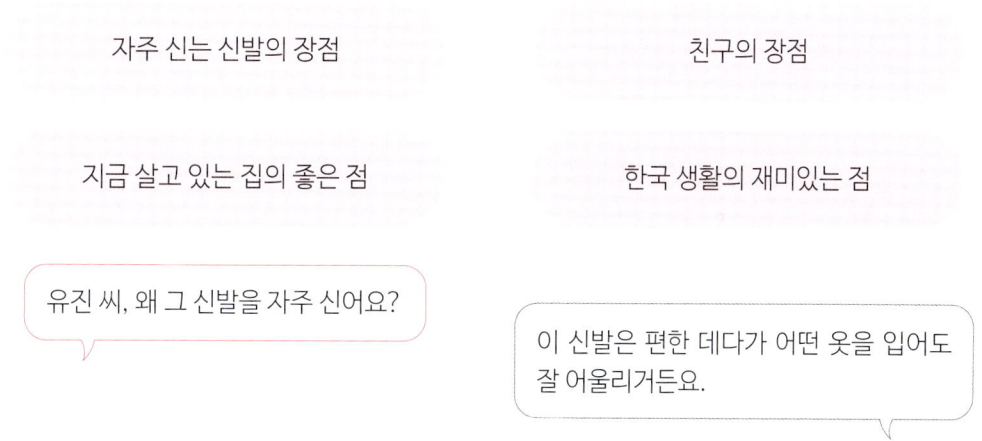

자주 신는 신발의 장점　　　　　친구의 장점

지금 살고 있는 집의 좋은 점　　　한국 생활의 재미있는 점

유진 씨, 왜 그 신발을 자주 신어요?

이 신발은 편한 데다가 어떤 옷을 입어도 잘 어울리거든요.

문법과 표현 2 — 동-기는 하는데, 형-기는 한데, 명이기는 한데

1. 대화를 완성해 보세요.

   1) 가: 제 아이 그림인데 소질이 있는 것 같지 않아요? 소질을 살려서 그림을 전공했으면 좋겠어요.
      나: 네. <u>소질이 있기는 한데</u> 그림을 전공하려면 연습을 많이 해야 할 것 같아요.

   2) 가: 나나 씨는 야식을 자주 먹는데도 살이 잘 안 찌네요?
      나: 네. 제가 _____ 먹고 나서 운동을 많이 하거든요. 그래서 살이 잘 안 찌는 것 같아요.

   3) 가: 결혼하고 아이를 키우느라 어쩔 수 없이 일을 그만두셨는데 그 결정에 만족하세요?
      나: 네. 우리 아이가 잘 자라고 있는 걸 보면 _____ 다른 한편으로는 그때 다른 선택을 했으면 어땠을까 하는 생각도 해요.

   4) 가: 산 정상까지 올라오니까 기분이 상쾌하지? 아까 힘들다고 포기했으면 후회했을 거야.
      나: 응. _____ 진짜 힘들다. 다시 여기 오자고 하면 안 올 것 같아.

   5) 가: 이 식당은 왜 이렇게 손님이 많을까? 직원들도 친절하지 않은 데다가 오래 기다려야 하는데.
      나: _____ 음식이 맛있으니까 손님이 많은 것 같아.

2. 대화를 완성해 보세요.

   1) 가: 이제 곧 졸업인데 진로는 정했어?
      나: 응. 내가 좋아하는 일을 하기로 <u>정하기는 했는데</u> 돈은 많이 못 벌 것 같아서 걱정이야.

   2) 가: 학교 앞에서 교통사고를 당했다면서요? 병원에 입원해야 되는 거 아니에요?
      나: 괜찮아요. _____ 병원에 입원할 정도는 아니에요.

3) 가: 얼굴이 왜 이렇게 피곤해 보여? 어제 잠 못 잤어?
   나: 아니. _____ 더워서 자다 깨다 했더니 너무 피곤해.

4) 가: 어제 소개팅은 어땠어? 그 남자 사진을 보고 외모가 마음에 든다고 했잖아.
   나: 글쎄. _____ 대화를 해 보니까 서로 관심 있는 분야가 너무 다르더라고.

5) 가: 처음 한국에 왔을 때 크리스 씨 나라와 한국의 문화가 달라서 좀 힘들지 않았어요?
   나: 네. _____ 한국 친구들이 많이 도와줘서 금방 익숙해졌어요.

3. 친구와 이야기해 보세요.

- 라면을 좋아한다면서요?
- 회사에서 일이 많아 힘들죠?
- 축제에 볼거리와 먹을거리가 많았어요?
- 음식을 잘못 먹어서 두드러기가 난 거예요?
- 꼼꼼한 성격이라서 일을 할 때 실수를 하지 않지요?

약을 먹고 다 가라앉았다.   보람을 느낄 수 있어서 좋다.   몸에 안 좋아서 자주 먹지 않는다.

다른 사람들보다 일할 때 시간이 많이 걸린다.   사람도 너무 많아서 제대로 즐기기가 어려웠다.

라면을 좋아한다면서요?

네. 좋아하기는 하는데 몸에 안 좋아서 자주 먹지는 않아요.

어휘 Vocabulary

1. 알맞은 말을 골라서 대화를 완성해 보세요.

> 말을 더듬다   사투리를 쓰다   억양이 강하다
> ⟨유창하게 말하다⟩   존댓말을 잘못 사용하다   감탄사를 많이 쓰다

1) 가: 다나카 씨는 한국에서 오래 살았대요? 한국어를 정말 잘하는 것 같아요.
   나: 저는 다나카 씨를 처음 봤을 때 한국어를 ___유창하게 말해서___ 한국 사람인 줄 알았다니까요.

2) 가: 아까 백화점에서 예쁜 신발을 하나 봤거든? 사이즈가 있는지 물었더니 직원이 '그 사이즈는 품절되셨습니다'라고 하더라고. 좀 이상했어.
   나: 나도 그런 경험이 있어. 가게 직원들이 _____ 경우가 많은데 그렇게 하지 않으면 공손하지 않다고 따지는 손님들도 있대.

3) 가: 하이 씨, 한국어를 공부할 때 어려운 점이 뭐예요?
   나: 베트남어에는 성조가 6개 있어요. 베트남어의 영향을 받아 제가 한국어로 말할 때 _____ 것 같아요. 아무리 연습해도 자연스러워지지 않아요.

4) 가: '매우 많다'는 말을 경상도에서는 '억수로 많다', '쌨다' 등 다양한 표현으로 바꾸어서 이야기할 수 있대요.
   나: 어떤 의미를 여러 가지의 다른 표현으로 전달할 수 있다는 것이 _____ 때의 장점이죠.

5) 가: 발표를 하다가 준비한 내용이 생각이 안 나면 '음, 아, 그' 같은 말을 자꾸 반복하게 돼.
   나: 그런 말들을 적당히 사용하는 것은 괜찮지만 _____ 버릇이 될 수 있어서 안 좋은 것 같아.

6) 가: 남자 친구 첫인상이 어땠어요?
   나: 처음 만난 자리에서 무슨 말을 하는지 모를 정도로 _____ 소심한 사람이라고 생각했어요. 그런데 알고 보니 저를 보고 첫눈에 반해서 긴장하는 바람에 그랬대요.

성조 intonation   소심하다 to be timid

2. 알맞은 말을 골라서 대화를 완성해 보세요.

> 겨우 이해하다   대충 짐작하다   (마구 만들다/사용하다)
> 적당히 사용하다/쓰다   널리 알려지다/쓰다   습관적으로 사용하다

1) 가: 한국어를 공부할 때 가장 어려운 점은 무엇입니까?
   나: 사람들이 '깜놀', '비번' 같은 줄임말을 <u>마구 만들어서</u> 사용하는데 가끔 이런 말을 알아들을 수가 없어서 힘듭니다.

2) 가: 화장하는 방법을 배우고 싶어서 인터넷을 찾아봤더니 올해 누디한 립에 블랙이나 브라운 계열의 스모키 아이, 볼드한 아이라이너가 유행이라더라고요. 이게 무슨 말이에요?
   나: 글쎄요. _____ 보면 너무 튀지 않는 입술색에 검은색이나 갈색으로 짙게 눈 화장을 한다는 것 같은데 저도 정확하게는 모르겠네요.

3) 가: 제주도에서 한 식당에 갔는데 주인 할머니가 제주도 사투리를 쓰시더라고요. 하나도 못 알아들어서 주문도 못하고 그냥 나왔어요.
   나: 제주도 사투리는 한국 사람인 저도 설명을 들어야 _____ 수 있을 정도예요.

4) 가: 사람들이 유행어를 많이 쓰는데 나는 왜 유행어를 쓰는지 모르겠어.
   나: 분위기가 너무 진지할 때 유행어를 _____ 상대방에게 친근한 느낌을 줄 수 있어서 그런 거 아닐까?

5) 가: '비대면'이라는 말이 무슨 뜻이에요?
   나: 직접 만나지 않고 여러 가지 일을 하는 상황을 가리키는 말이에요. 코로나19 이후에 만들어진 말인데 요즘 _____ 됐어요.

6) 가: 요즘 패션 잡지를 보면 외국어를 정말 많이 사용하는 것 같아요.
   나: 맞아요. 패션 회사에 다니는 친구와 이야기한 적이 있는데 패션 분야에서 하는 말은 조사를 빼면 다 외국어일 정도로 외국어를 _____ 것 같아요.

3. 친구와 이야기해 보세요.

- 다른 지역 한국 사람과 소통할 때 어려운 점
- 습관적으로 쓰는 단어나 감탄사
- 한국어를 배울 때 어려움을 느낀 이유

> 한국어 3급을 공부할 때 부산으로 여행을 간 적이 있었는데 부산 사투리를 이해하지 못해서 당황스러웠습니다. 분위기로 뜻을 대충 짐작하기는 했는데 정확한 뜻을 몰라서 여러 번 질문해야 했습니다.

조사 particle

문법과 표현 ③ 명에 비해(서)

1. **대화를 완성해 보세요.**

    1) 가: '하얀 꽃' 2편이 나와서 보러 갔었는데 별로 재미없었어요. 1편은 재미있었는데….
       나: 저도 그런 말을 많이 들었어요. 2편이 ___1편에 비해서___ 별로 인기를 끌지 못한다더라고요.

    2) 가: 다른 가게에서는 이 휴지를 2,000원에 파는데 여기는 1,500원이에요.
       나: 정말 그렇네요. 이 가게는 _____ 물건 값이 싼 것 같아요.

    3) 가: 점심을 일찍 먹었더니 배가 고프네요. 간식을 먹을까 하는데 샌드위치를 먹을까요, 햄버거를 먹을까요?
       나: 샌드위치가 _____ 열량이 낮으니까 샌드위치를 먹는 게 나을 것 같아요.

    4) 가: 요즘에는 여름에 폭염이 계속되거나 폭우가 쏟아지는 날이 늘어난 것 같아요. 예전에는 안 그랬는데….
       나: 네. _____ 날씨도 많이 더워지고 홍수나 가뭄 같은 기후 문제도 심각해져서 걱정이에요.

    5) 가: 지하철역 근처에서 집을 구하려고 했는데 월세가 너무 비싸더라고요.
       나: 학교 근처에 있는 집을 알아보는 건 어때요? _____ 집값이 싼 편이에요. 마을버스를 타면 지하철역까지 5분이면 갈 수 있으니까 교통도 나쁘지 않고요.

    6) 가: 자밀라 씨, 한국에 온 지 1년이 넘었다면서요? 한국 생활에 익숙해졌어요?
       나: 처음 한국에 왔을 때는 한국어를 잘 못해서 불편했어요. 지금은 _____ 한국어 실력이 늘어서 불편한 게 별로 없어요.

2. 그림을 보고 대화를 완성해 보세요.

1)
가: 이 배우는 올해 서른 살인데 고등학생 역할을 맡아서 좋은 반응을 얻고 있어요.
나: 전 진짜 고등학생인 줄 알았어요. 나이에 비해 어려 보이네요.

2)
가: 지금 살고 있는 방이 어때요?
나: 제 방은 _____ 크기가 작은 편이에요. 그래서 이사를 갈까 생각 중이에요.

3)
가: 다른 회사를 알아보고 있다면서요? 지금 다니는 회사가 마음에 안 들어요?
나: 네. 지금 다니는 회사는 _____ 일이 너무 많아요. 그래서 직장을 옮기려고요.

4)
가: 와, 전등이 참 예쁘네요. 좀 비싸 보이는데요.
나: 2만 원짜리예요. _____ 품질도 좋고 디자인도 예뻐요. 잘 산 것 같아요.

5)
가: 수진 씨, 이번 시험에서 1등을 했다면서요? 바쁘다더니 시험 준비를 열심히 했나 봐요.
나: 이번에는 시간이 부족해서 별로 공부를 못 했는데 _____ 좋은 점수를 받은 것 같아요.

3. 두 가지를 비교해서 이야기해 보세요.

버스와 지하철   작년과 올해   우리 고향과 서울   나와 내 친구

지하철은 버스에 비해 시간을 잘 맞출 수 있다는 장점이 있어요. 그래서 전 중요한 약속이 있을 때는 지하철을 타요.

문법과 표현 ④ 명이며 명이며

1. 그림을 보고 대화를 완성해 보세요.

1)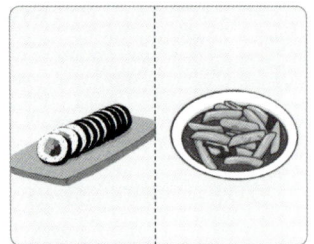

가: 한국 요리 수업이 열린다면서요?
나: 네. <u>김밥이며 떡볶이며</u> 여러 가지 한국 음식 만드는 방법을 배울 수 있다더라고요.

2)

가: 며칠 동안 폭우가 쏟아져서 피해가 심각하다면서요?
나: 네. 저도 뉴스에서 봤는데 _____ 모두 물에 잠겼더라고요.

3)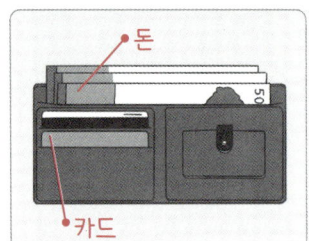

가: 테오 씨, 무슨 걱정이 있어요?
나: 지갑을 잃어버렸어요. 지갑 안에 _____ 중요한 게 많이 들어 있었는데 큰일이에요.

4)

가: 새로 짓는 건물에 편의시설이 많이 들어왔으면 좋겠다.
나: 선배들한테 들었는데 _____ 다양한 편의시설이 들어올 예정이래.

5)

가: 닛쿤 씨는 정말 한국어를 잘하는 것 같아요.
나: 한국어뿐만 아니라 _____ 여러 나라 말을 할 수 있다던데요? 언어에 소질이 있나 봐요.

6)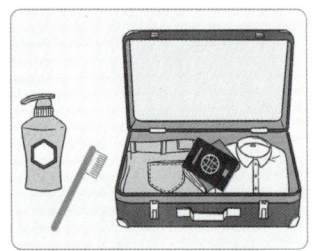

가: 내일 9시에 출발한다고 했지? 여행 일정이 길어서 준비할 게 많다더니 짐은 다 쌌어?
나: 아직 다 못 쌌어. _____ 챙길 게 한두 가지가 아니야.

2. 대화를 완성해 보세요.

1) 가: 에릭 씨, 운동을 좋아한다면서요? 어떤 운동을 좋아해요?
   나: 공으로 하는 운동은 다 잘하는 편이에요. <u>농구며 배구며</u> 좋아하는 운동이 많아요.

2) 가: 엥흐 씨, 한국 음식 좋아해요?
   나: 그럼요. _____ 안 매운 음식은 다 잘 먹어요.

3) 가: 안나 씨, 신발 모으는 게 취미라면서요?
   나: 네. _____ 제 신발장에는 다양한 종류의 신발이 있어요.

4) 가: 테오 씨, 노래하는 거 좋아한다면서요? 어떤 노래를 좋아해요?
   나: _____ 가리지 않고 다 좋아해요. 나중에 같이 노래방에 가요.

5) 가: 크리스 씨, 단 음식을 너무 자주 먹는 거 아니에요?
   나: 전 단 음식을 좋아해서 _____ 디저트 종류를 매일 먹어요.

6) 가: 친구한테 고마운 일이 있어서 작은 선물을 사고 싶은데 뭐가 좋을까?
   나: 문구점에 한번 가 봐. _____ 작고 예쁜 물건이 많아.
   그런 물건은 받는 사람도 부담스러워하지 않을 것 같아.

3. 친구와 이야기해 보세요.

| 관심을 가지고 있는 것 | 자주 사용하는 전자 제품 |
| 추천하는 여행지 | 우리 집 주변에 있는 가게 |

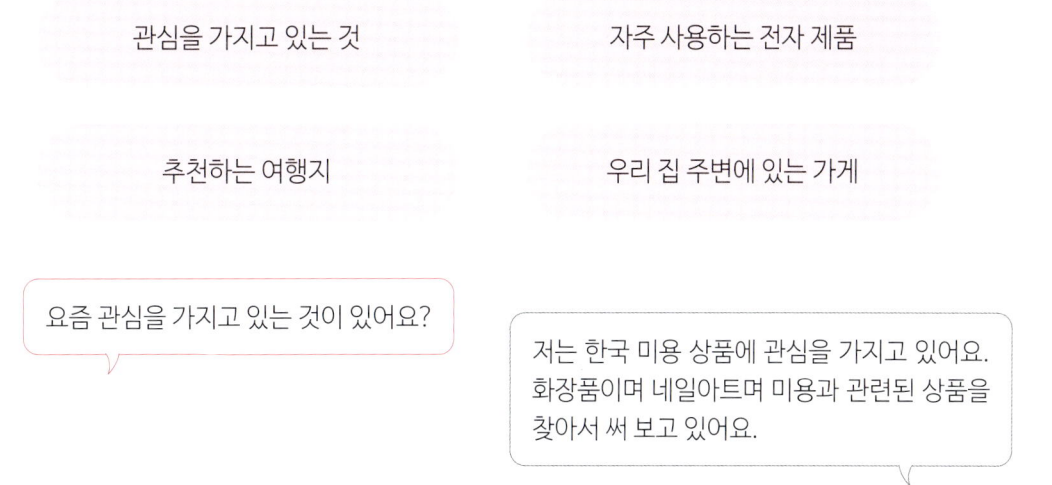

요즘 관심을 가지고 있는 것이 있어요?

저는 한국 미용 상품에 관심을 가지고 있어요. 화장품이며 네일아트며 미용과 관련된 상품을 찾아서 써 보고 있어요.

15

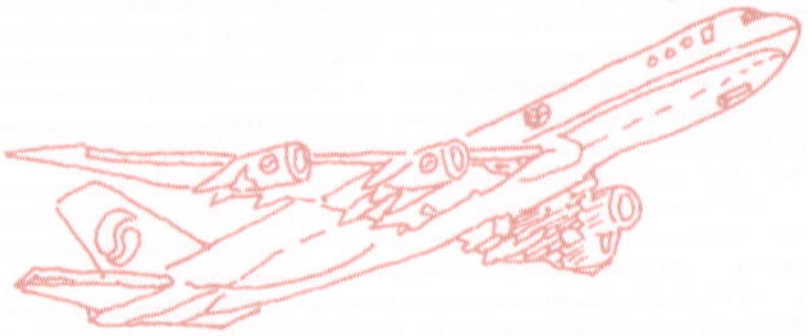

소중한 환경 Precious Environment

- **15-1** 환경 문제와 원인
- **15-2** 환경 보호

15-1	어휘	환경 문제, 환경 오염의 원인
	문법과 표현	동-다가는
		동-는 사이(에)
15-2	어휘	환경 보호 방법, '-되다/-하다'
	문법과 표현	명으로 인해(서)
		동-을 것이/게 아니라

어휘 Vocabulary

1. 알맞은 말을 골라서 대화를 완성해 보세요.

> (환경 오염)   바다가 오염되다   공기가 오염되다   땅이 오염되다

1) 가: 최근 토양 오염, 대기 오염과 같은 ___환경 오염이___ 심각한 상황입니다. 이 문제를 해결하기 위해서 어떤 노력을 해야 할지 이야기해 봅시다.
   나: 저는 먼저 사람들의 생각부터 바꿔야 한다고 봅니다. 쓰레기를 마구 버리거나 가까운 곳에 갈 때도 자가용을 이용하는 등 작은 행동 하나하나가 모여 큰 문제를 만들기 때문입니다.

2) 가: 밖에 나갔다 왔더니 눈이 충혈되고 목도 아파요.
   나: 요즘 대기 오염이 더 심각해진 것 같아요. 공장이나 오래된 자동차에서 나오는 나쁜 연기 때문에 점점 더 _____ 것 같아요.

3) 가: 기름을 싣고 가던 배가 바다에 가라앉아서 피해가 심각하대요.
   나: 네. 저도 뉴스에서 봤는데 _____
   수없이 많은 물고기가 죽고 새들도 날아다닐 수 없을 정도래요.

4) 가: 이 지역에는 나무나 풀이 자라지 않네요. 왜 그런 거죠?
   나: 예전에는 농장이었는데 농약을 많이 사용하고 쓰레기도 마구 버렸어요. 그 결과 _____
   이제는 아무것도 키울 수 없게 되었어요.

가라앉다 to sink   농약 pesticide

2. 알맞은 말을 골라서 대담을 완성해 보세요.

> 폐수를 버리다   ~~숲을 개발하다~~   석탄을 태우다
> 에너지를 낭비하다   일회용품을 사용하다   매연을 배출하다

사회자: 최근 우리 지역의 환경 개발에 대해 논란이 뜨겁습니다. 오늘은 환경 보호 운동가 최영민 씨를 모시고 말씀을 나눠 보도록 하겠습니다. 선생님께서는 개발에 반대하는 입장이라고 들었습니다.

최영민: 네. 맞습니다. 우리 지역은 예전부터 자연적으로 만들어진 숲이 유명했습니다. 그런데 정부에서 얼마 전에 1) __숲을 개발해서__ 공장을 세우겠다는 계획을 발표했는데요. 저는 정부의 입장을 이해할 수가 없습니다. 숲이 파괴되면 우리 지역의 아름다운 자연환경을 잃어버리게 되는 것입니다. 또한 공장을 운영하려면 많은 에너지가 필요한데요. 에너지를 얻기 위해 석유나 2) _____ 공장에서 3) _____ 결국 공기가 오염되고 미세 먼지도 심해질 겁니다.

사회자: 하지만 지역 발전과 일자리를 늘리기 위해서는 어쩔 수 없는 일 아닌가요?

최영민: 지역 발전보다는 환경이 더 중요합니다. 지역을 개발하면 대기 오염뿐만 아니라 수질 오염도 심해질 겁니다. 공장에서 4) _____ 강도 오염될 것입니다. 저는 이런 이유들 때문에 정부의 개발 계획을 폐지해야 한다고 봅니다.

3. 다음 상황에 맞게 친구와 이야기해 보세요.

- 걸어서 10분쯤 걸리는 마트에 택시를 타고 간다.
- 종이컵으로 물을 마시고 플라스틱 숟가락을 사용한다.
- 매일 아침저녁으로 머리를 감는다.
- 전기 제품을 바로 사용할 수 있도록 잠깐 외출할 때 전원을 끄지 않는다.

> 가까운 거리라도 필요할 때는 택시를 타도 된다고 봐요.

> 마트까지 10분밖에 안 걸리잖아요. 가까운 곳은 걸어가거나 자전거를 이용하는 게 좋아요. 택시나 자동차는 석유나 가스를 태워서 움직이는데 이 과정에서 매연을 배출하거든요.

> 그래도 시간이 없을 때 빨리 갔다 올 수 있고 짐도 무거우니까 택시를 타면 편하잖아요.

> 조금 불편하더라도 에너지를 낭비하지 않는 방법을 찾아야 돼요. 요즘 환경 오염 문제가 심각하니까요.

문법과 표현 1 동-다가는

1. 바르게 연결하고 대화를 완성해 보세요.

   1) 매일 오랜 시간 휴대폰을 보다 ——— 눈이 나빠지다
   2) 야식을 자주 먹다 • • 이웃집에서 항의하다
   3) 밤마다 청소기를 돌리다 • • 전기 요금이 많이 나오다
   4) 덥다고 하루 종일 에어컨을 틀어 놓다 • • 위염에 걸리다
   5) 귀찮다고 일회용 컵을 쓰다 • • 쓰레기가 늘어나다

   1) 가: 요즘 눈 뜨고 있을 때는 거의 휴대폰을 보고 있을 정도로 많이 보는 것 같아요.
      나: 매일 오랜 시간 휴대폰을 보다가는 눈이 나빠질 수 있어요.

   2) 가: 요즘 밤에 야식을 먹는 게 습관이 됐어요. 야식을 안 먹으면 잠이 안 와요.
      나: _____.

   3) 가: 요즘은 바빠서 매일 집에 늦게 들어가요. 그래도 그냥 잘 수는 없어서 밤 12시가 넘어도 청소기는 돌리고 자요.
      나: _____.

   4) 가: 요즘 더워서 에어컨을 한번 틀면 끌 수가 없어요.
      나: _____.

   5) 가: 캠핑 갈 때 짐이 무거우니까 일회용 컵을 쓰고 버리자.
      나: _____.

2. 대화를 완성해 보세요.

1) 가: 전 긴장하면 자꾸 머리를 뽑는 버릇이 있어요.
   나: 그렇게 자꾸 머리를 <u>뽑다가는</u> 머리숱이 줄어들 거예요.

2) 가: 발표 준비를 안 해서 선생님께는 아프다고 거짓말을 했어.
   나: 너 지난번에도 선생님께 거짓말했잖아. 계속 _____ 선생님이 네 말을 안 믿어 줄 거야.

3) 가: 오늘 할 일이 너무 많아서 아직 한 끼도 못 먹었어요.
   나: 네? 지금 저녁 8시인데 아직 아무것도 못 먹었다고요? 그렇게 _____ 쓰러질 거예요.

4) 가: 요즘 너무 바빠서 집 정리를 하나도 못했어. 겨울옷이랑 여름옷이랑 마구 섞여 있어.
   나: 아무리 바빠도 그렇지. 그렇게 _____ 뭐가 어디에 있는지 찾을 수 없게 될 거야.

5) 가: 내가 학교 근처에 있는 맛집을 알아 놨는데 이따가 같이 가자. 밥 먹고 노래방도 가면 어때?
   나: 다음 주에 대학 입학시험을 보는데 그럴 시간이 어디 있어? 그렇게 계속 _____ 시험에 떨어질 거야.

3. 다음과 같은 일을 계속하면 어떤 일이 생길까요? 친구와 이야기해 보세요.

작은 일에도 화를 낸다.

자주 과식을 한다.

해야 할 일을 안 하고 계속 미룬다.

하루에 커피를 열 잔씩 마신다.

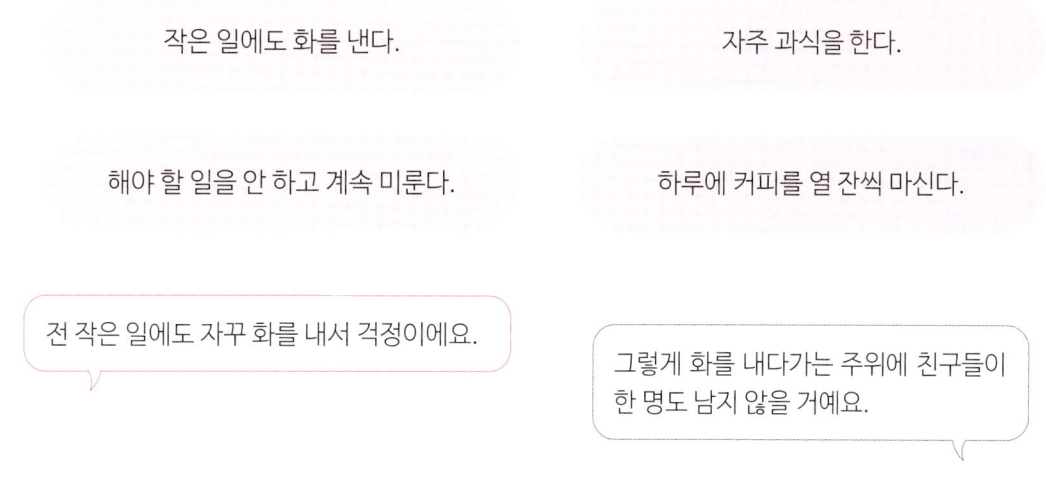

전 작은 일에도 자꾸 화를 내서 걱정이에요.

그렇게 화를 내다가는 주위에 친구들이 한 명도 남지 않을 거예요.

머리숱 amount of hair

문법과 표현 2 동-는 사이(에)

1. **대화를 완성해 보세요.**

   1) 가: 교통사고가 났다면서요? 소날 씨는 운전을 잘하는데 어쩌다가 사고가 났어요?
      나: 길에 아는 사람이 있는 것 같아서 잠깐 <u>한눈 파는 사이에</u> 앞차와 부딪치고 말았어요.

   2) 가: 고기가 왜 이렇게 까매요?
      나: 잠깐 _____ 프라이팬 위에 올려 놓은 고기가 다 타 버렸어요.

   3) 가: 콘서트 표 예매했어? 나는 아까 했는데 표가 몇 장 안 남았더라고.
      나: 나도 예매하려고 했는데 그때 마침 친구한테 전화가 왔어. _____ 매진돼서 예매 못 했어.

   4) 가: 민수 생일 파티를 동아리 방에서 하면 어떨까? 민수 몰래 파티를 준비하면 민수가 깜짝 놀랄 거야.
      나: 오늘 민수가 도서관에서 공부한다고 했어. _____ 친구들하고 같이 준비해 놓자.

   5) 가: 수진 씨, 보고서 다 끝냈어요? 부장님이 오후 회의 전에 보자고 하셨어요.
      나: 아무래도 한두 시간 정도 더 필요할 것 같아요. 곧 점심시간이니까 _____ 보고서를 마무리하면 되지 않을까요?

   6) 가: 전에는 한국 뉴스 듣는 게 너무 어렵다고 하더니 이제 한국 뉴스도 잘 이해하네요.
      나: 정말 그렇네요. 저도 _____ 한국어 실력이 는 것 같아요.

2. **그림을 보고 대화를 완성해 보세요.**

   1)

      가: 왜 이렇게 늦었어요? 연락도 안 되고 걱정했잖아요.
      나: 잠깐 <u>잠든 사이에</u> 지하철 문이 닫혔거든요. 그래서 내가 내릴 역을 지나치고 말았어요.

한눈 팔다 to take one's eyes off

2)

가: 전에 본 적 있으시죠? 얘가 제 딸 수진이에요.
나: 3년 전에는 아이였는데 벌써 이렇게 컸어요? _____ 많이 컸네요.

3)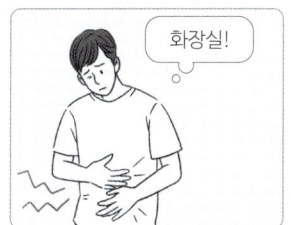

가: 방금 전에 전화를 몇 번이나 했는데 왜 안 받았어요?
나: 그래요? 제가 _____ 전화를 했나 봐요.

4)

가: 민수 씨, 같이 영화 볼래요? 지금 나올 수 있어요?
나: 미안해요. 지금 청소하느라 바빠요. 제가 _____ 우리 집 개가 집을 엉망으로 만들어 놨거든요.

5)

가: 민수 씨, 민수 씨가 _____ 거래처에서 연락이 왔어요. 메모를 남겨 놨으니까 연락해 보세요.
나: 네, 알겠습니다.

3. 그림을 보고 어떤 일이 있었는지 이야기해 보세요.

1)

지금부터 제가 여자 친구를 어떻게 사귀게 되었는지 이야기해 드릴게요. 저는 제 여자 친구를 보고 첫눈에 반했어요. 그래서….

2)

어휘 Vocabulary

1. 알맞은 말을 골라서 대화를 완성해 보세요.

> 대체하다　　　　환경을 보호하다　　　　분리해서 버리다
> 에너지를 아끼다　　(자원을 재활용하다)　　대중교통을 이용하다

1) 가: 이 옷 좀 보세요. 페트병을 녹여서 만든 옷이래요. 예쁘죠?
   나: 예쁘네요. 이렇게 　자원을 재활용하면　 쓰레기도 줄일 수 있어서 좋은 것 같아요.

2) 가: 오늘도 미세 먼지가 심하네요. 정말 숨을 쉬기도 힘들 정도예요.
   나: 대기 오염뿐만 아니라 다른 환경 오염 문제도 심각해요. ＿＿＿＿＿＿＿＿ 위해 노력하지 않으면 앞으로는 지구에서 살 수 없을지도 몰라요.

3) 가: 에어컨이 켜져 있는데 선풍기는 왜 켜 놨어? 전기를 낭비하는 거 아니야?
   나: 에어컨 온도를 1도 낮추는 것보다 에어컨과 선풍기를 같이 켜는 게 더 ＿＿＿＿＿＿＿＿ 수 있대.

4) 가: 페트병은 이대로 버리면 되지?
   나: 아니. 페트병에 붙어 있는 라벨은 비닐이라서 ＿＿＿＿＿＿＿＿ 돼.

5) 가: 수원시에서 전기버스 운행을 시작했다는 뉴스 봤어요?
   나: 네, 저도 봤어요. 2050년까지 지금 운행하는 버스를 모두 전기버스로 ＿＿＿＿＿＿＿＿ 계획이라고 하더라고요.

6) 가: 이번에 새로 이사한 집은 어때요?
   나: 전에 살던 집보다 버스 정류장이나 지하철역이 가까워서 좋아요. 전에는 교통이 불편해서 주로 자동차를 타고 다녔는데 ＿＿＿＿＿＿＿＿ 출퇴근이 더 편해졌어요.

2. 알맞은 말을 골라서 대화를 완성해 보세요.

> 확대되다/확대하다   파괴되다/파괴하다   처리되다/처리하다
> 개발되다/개발하다   (해결되다/해결하다)

1) 가: 일회용품 사용이 늘면서 쓰레기량도 증가해서 큰 문제예요.
   나: 네. 정부가 이 문제를 <u>해결하기</u> 위해서 식당이나 카페에서 일회용품 사용을 금지하기로 했대요.

2) 가: 한국 전쟁 때 피해가 컸다고 들었는데 지금 한국의 모습을 보면 상상이 안 되네요.
   나: 한국 전쟁 때 건물들이 대부분 _____ 사람들도 많이 다쳤어요.

3) 가: 나나 씨 고향이 뉴스에 나왔다면서요?
   나: 네. 정말 경치가 아름다운 곳인데 이곳이 곧 관광지로 _____ 하더라고요.

4) 가: 민수 씨, 쉬다가 출근하니까 어때요?
   나: 정신없어요. 제가 없는 동안 일이 많이 쌓였어요. 그동안 _____ 못했던 일을 하느라 밥 먹을 시간도 없을 정도예요.

5) 가: 서울시에서 노인들에게 스마트폰 이용 방법을 가르쳐 주는 수업을 만들어서 좋은 반응을 얻고 있습니다.
   나: 스마트폰을 사용하는 노인들이 늘어나고 있으니까 다른 지역에서도 그런 수업을 더 _____ 한다고 봅니다.

3. 다음 제도에 대해서 여러분은 어떻게 생각합니까? 친구와 이야기해 보세요.

- 일회용품 사용할 때 비용을 내게 하는 제도
- 전기를 많이 쓰는 사람에게 더 많은 비용을 내게 하는 제도
- 쓰레기를 분리해서 버리지 않았을 때 벌금을 내게 하는 제도
- 이른 시간에 버스나 지하철을 타면 교통비를 할인해 주는 제도

> 일회용품을 사용할 때 비용을 내게 하는 제도를 확대해야 한다고 봅니다. 최근 일회용품 사용이 늘면서 쓰레기가 늘어나고 있습니다. 이런 쓰레기는 환경을 파괴하는 주요 원인이 됩니다. 만약 일회용품을 사용할 때마다 비용을 내게 한다면 사람들은 일회용품을 사용할 때 한 번쯤 더 생각하게 될 것입니다.

문법과 표현 3 　명으로 인해(서)

1. 그림을 보고 문장을 완성해 보세요.

1) 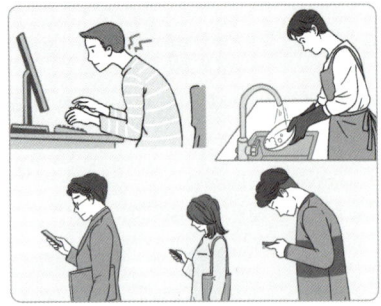　잘못된 자세로 인해　목 디스크 환자가 늘어나고 있다.

2) 　해마다 _____ 교통사고가 증가하고 있다.

3) 　_____ 에어컨 사용량이 급증했다.

4) 　많은 현대인들이 _____ 우울증을 겪는다.

5) 　어제 발생한 _____ 많은 사람들이 피해를 입었다.

2. 바르게 연결하고 문장을 완성해 보세요.

1) 등록금이 인상되다 — 등록금 마련에 어려움을 겪는 학생들이 많다
2) 배달 산업이 발전하다 — 일회용품의 사용이 증가하고 있다
3) 새로운 에너지가 개발되다 — 환경을 보호할 수 있게 되다
4) 줄임말이나 신조어를 사용하다 — 대화가 끊기는 경우도 있다
5) 대기 중의 이산화탄소가 증가하다 — 지구의 온도가 높아져서 여러 문제가 발생하고 있다

1) 등록금 인상으로 인해(서) 등록금 마련에 어려움을 겪는 학생들이 많다.
2)
3)
4)
5)

3. 친구와 이야기해 보세요.

- 일회용품의 사용이 증가하고 있다.
- 지구의 온도가 점점 상승하고 있다.
- 아침과 저녁의 기온 차이가 크다.
- 휴대폰을 지나치게 많이 사용한다.

일회용품 사용 증가로 인해 쓰레기가 늘어나고 환경이 오염되고 있습니다.

문법과 표현 ④ 동-을 것이/게 아니라

1. 대화를 완성해 보세요.

1) 가: 또 영양제를 먹어요?
   나: 네. 요즘 몸도 안 좋고 계속 기운이 없어서요.
   가: 자꾸 <u>영양제를 먹을 게 아니라</u> 병원에 가서 진찰을 받아 보는 게 어때요?

2) 가: 내일이 시험이니까 오늘 밤을 새워서 공부해야겠어요.
   나: 이번 시험도 또 잠 안 자고 공부할 거예요? 그러면 힘드니까 시험 볼 때마다 _____ 미리 조금씩 준비를 하는 게 어때요?

3) 가: 오늘은 나가기가 귀찮은데 점심은 사무실로 배달시켜 먹을까요?
   나: 그것도 좋지만 배달시켜서 먹으면 쓰레기가 많이 생기잖아요. _____ 귀찮더라도 식당에 가서 먹어요. 밥 먹고 나서 산책도 하고요.

4) 가: 휴대폰을 어떤 색으로 살지 고민이 되는데 사람들이 많이 사는 색으로 사는 게 좋을까요?
   나: 안 돼요. 한번 사면 오래 쓸 거니까 _____ 자기 마음에 드는 걸로 사는 게 좋겠어요.

5) 가: 대학교에 오니까 공부할 게 너무 많아. 몇 과목은 포기해야겠어.
   나: 전공 과목은 모두 중요하니까 그렇게 쉽게 _____ 친구들과 같이 공부해 봐. 모르는 게 있으면 서로 물어볼 수 있잖아.

6) 가: 너무 졸린데 내일 오전까지 제출해야 하는 과제가 있어서 잠을 참을 수밖에 없어요.
   나: 너무 피곤할 때는 잠을 억지로 _____ 조금이라도 자는 게 좋아요.

2. 바르게 연결하고 대화를 완성해 보세요.

1) 그냥 나가다 • • 장점도 생각해 보다
2) 계속 기다리다 • • 직원에게 물어보다
3) 무조건 반대하다 • • 적성에 맞는 전공을 찾다
4) 주변 사람들의 조언에 따라 진로를 정하다 • • 어디로 갈지 정하고 가다

1) 가: 밥도 다 먹었으니까 이제 일어납시다.
   나: 잠깐만요. 밖이 너무 더우니까 그냥 나갈 게 아니라 어디로 갈지 정하고 가는 게 어때요?

2) 가: 배고프다. 맛집이라고 해서 왔는데 언제까지 기다려야 하지?
   나: 우리 앞에 몇 명이 있는지 잘 모르겠네. _____.

3) 가: 저는 댐을 건설하는 것은 무조건 반대입니다.
   나: 댐이 자연환경에 영향을 많이 주기는 하지만 좋은 점도 정말 많습니다. 그렇게 _____.

4) 가: 부모님도 경영학과가 좋다고 하고 선배들도 경영학과가 괜찮다고 해서 경영학을 전공하기로 했어요.
   나: 글쎄요. 진수 씨도 그게 좋아요? _____.

3. 다음 상황에 맞게 친구와 이야기해 보세요.

• 창업을 준비하는 친구에게
• 음식을 먹기 전에 사진을 계속 찍는 친구에게
• 다른 사람의 잘못을 계속 지적하는 친구에게
• 한 사람만 잘 아는 게임을 하자고 하는 친구에게

요즘 경기가 좋지 않은데 창업이 잘될지 모르겠어.

지금은 경기가 어려우니까 창업을 할 게 아니라 회사에 들어가서 경력을 좀 쌓는 건 어때?

댐을 건설하다 to build a dam

복습 5

말하기 Speaking

1. 어휘의 의미를 설명해 보세요.

13단원

논란이 되다 ☐	입장이 다르다 ☐	요구하다 ☐	반대에 부딪히다 ☐
문제가 되다/안 되다 ☐	이해관계가 다르다 ☐	항의하다 ☐	해결책을 찾다 ☐
갈등이 생기다 ☐		갈등을 풀다 ☐	

제한하다 ☐	불편을 겪다 ☐	불가능하다 ☐	불친절하다 ☐
비난하다/비난을 받다 ☐	피해를 입다 ☐	불공평하다 ☐	불필요하다 ☐
차별하다/차별을 받다 ☐	양해를 구하다 ☐	불성실하다 ☐	

14단원

줄임말 ☐	표준어/지역어(사투리) ☐	시간을 절약하다 ☐	오해가 생기다 ☐
존댓말/반말 ☐	외래어/외국어 ☐	의사소통이 잘되다 ☐	대화가 끊기다 ☐
신조어 ☐		표현이 풍부해지다 ☐	못 알아듣다 ☐
유행어 ☐		친근한 느낌이 들다 ☐	안 좋은 인상을 주다 ☐

말을 더듬다 ☐	유창하게 말하다 ☐	겨우 이해하다 ☐	적당히 사용하다/쓰다 ☐
사투리를 쓰다 ☐	감탄사를 많이 쓰다 ☐	대충 짐작하다 ☐	널리 알려지다/쓰이다 ☐
억양이 강하다 ☐	존댓말을 잘못 사용하다 ☐	마구 만들다/사용하다 ☐	습관적으로 사용하다 ☐

15단원

대기 오염 ☐	환경 오염이 심각하다 ☐	일회용품을 사용하다 ☐	숲을/자연을 개발하다 ☐
수질 오염 ☐	공기가/강이/땅이 오염되다 ☐	매연을 배출하다 ☐	석탄을/석유를 태우다 ☐
토양 오염 ☐		에너지를/자원을 낭비하다 ☐	폐수를/생활하수를 버리다 ☐

환경을 보호하다 ☐	(비닐봉지를 장바구니로) 대체하다 ☐	처리되다/처리하다 ☐	
자원을 재활용하다 ☐		파괴되다/파괴하다 ☐	
분리해서 버리다 ☐	대중교통을 이용하다 ☐	확대되다/확대하다 ☐	
에너지를/전기를/물을 아끼다 ☐		개발되다/개발하다 ☐	
		해결되다/해결하다 ☐	

2. **어휘를 사용해서 이야기해 보세요.**

❶ 존댓말을 잘못 사용한 적이 있습니까?
네 → ❷번으로
아니요 → ❸번으로

출발

❷ 어떤 상황이었고 맞는 말은 무엇이었습니까?
→ 다음 칸으로

❸ 어떤 상황에서 상대방의 양해를 구해야 한다고 생각합니까?
→ 다음 칸으로

❹ '불-'이 포함된 단어를 3개 말해 보세요.
↓ 다음 칸으로

❺ 어떤 일을 하려고 했는데 다른 사람의 반대에 부딪힌 적이 있습니까?
네 → ❻번으로
아니요 → ❼번으로

❾ 신조어나 줄임말을 사용했을 때 장점과 단점은 무엇입니까?
↓ 다음 칸으로

❽ 친구에게 여러분이 말한 신조어와 줄임말의 뜻을 설명해 주세요.
← 다음 칸으로

❼ 여러분이 알고 있는 한국어 신조어나 줄임말을 3개 말해 보세요. 친구가 그 말의 뜻을 알고 있습니까?
네 → ❾번으로
아니요 → ❽번으로

❻ 어떤 일이었고 어떻게 갈등을 풀었습니까?
← 다음 칸으로

❿ 마트에 갈 때 장바구니를 사용합니까?
네 → ⓬번으로
아니요 → ⓫번으로

⓫ 환경을 보호하기 위해 어떤 일을 하고 있는지 이야기해 보세요.
→ 다음 칸으로

⓬ 여러분 나라에서 가장 심각한 오염 문제는 무엇입니까? 그 문제의 원인은 무엇입니까?
→ 다음 칸으로

⓭ 쓰레기를 분리해서 버릴 때 좋은 점은 무엇입니까?
→ 다음 칸으로

도착

3. **문법과 표현의 의미를 확인해 보세요.**

13단원

문법	예문
동-는지 동-는지 형-은지 형-은지 명인지 명인지	가: 내일 모임에 나나도 올까? 요즘 바쁘다던데. 나: 나나에게 내일 **시간이 되는지 안 되는지** 물어보자.
동형-을지도 모르다 명일지도 모르다	가: 혹시 민우 전화번호 알아? 나: 테오한테 물어보면 어떨까? 테오가 민우하고 친하니까 **알지도 몰라**.
명과 달리	**작년과 달리** 올해는 환율이 안정적이다.
동-느니 (차라리)	**싫어하는 음식을 먹느니 차라리** 굶는 게 낫다.

14단원

문법	예문
명-는 데다가, 형-은 데다가 명인 데다가	가: 가수 김빈 씨의 인기 비결이 뭐라고 생각해요? 나: **노래를 잘하는 데다가** 인성도 좋아서 사람들이 좋아하는 것 같아요.
동-기는 하는데 형-기는 한데, 명이기는 한데	가: 이 가방 예쁘다. 엄마 생신 선물로 이 가방을 사면 어떨까? 나: **예쁘기는 한데** 돈이 모자라서 못 살 것 같아.
명에 비해(서)	제주도는 한국의 **다른 지역에 비해서** 날씨가 따뜻한 편이다.
명이며 명이며	그 가게에서는 **문구며 화장품이며** 다양한 물건을 판다.

15단원

문법	예문
동-다가는	가: 휴대폰을 너무 오래 사용하는 거 아니에요? 자꾸 **휴대폰을 보다가는** 눈 건강이 안 좋아질 거예요. 나: 알겠어요. 휴대폰 사용 시간을 줄일게요.
동-는 사이(에)	가: 어제 일찍 퇴근했어요? 오후에 가 보니까 자리에 없던데요. 나: 아뇨. 어제 계속 사무실에서 일했는데요. 제가 **화장실에 간 사이에** 오셨나 봐요.
명으로 인해(서)	갑자기 일어난 **지진으로 인해** 심각한 피해를 입었다.
동-을 것이/게 아니라	음식 재료를 살 때는 **대용량 제품을 살 게 아니라** 필요할 때 필요한 만큼 사는 게 좋다.

복습 5

4. 문법과 표현을 사용해서 이야기해 보세요.

> 1) 몡과 달리   2) 동-다가는   3) 동-을 게 아니라
> 4) 몡에 비해서   5) 몡으로 인해   6) 동-느니 차라리

가형
1) 소문으로 들은 것과 실제 상황이 달랐던 적이 있습니까?
2) 저는 라면을 좋아해서 매일 라면만 먹어요.
3) 너무 졸린데 공부할 게 많아서 오늘도 밤을 새워야겠어요.
4) _____ 씨의 목소리와 친구의 목소리를 비교해 보세요.
5) 대기 오염이 심각해진 이유가 뭐라고 생각해요?
6) 학생 식당에 갔는데 _____ 씨가 싫어하는 음식밖에 없으면 어떻게 할 거예요?

나형
1) 처음 만났을 때와 태도나 인상이 달라진 사람이 있습니까?
2) 저는 요즘 다이어트를 하느라고 하루에 한 끼만 먹고 있어요.
3) 아까 약을 먹었는데도 머리가 계속 아파요. 약을 더 먹어야겠어요.
4) _____ 씨는 10년 전보다 잘하게 된 것이 있어요?
5) 수질 오염이 심각해진 이유가 뭐라고 생각해요?
6) 지금 하는 일이 적성에도 안 맞고 월급도 너무 적어요.

다형
1) 기대를 많이 했는데 실제로 해 본 후에 실망한 적이 있습니까?
2) 저는 엎드려서 책 읽는 것을 좋아해요.
3) 목이 말라서 커피를 한 잔 더 마셔야겠어요.
4) _____ 씨 고향 날씨와 한국의 날씨를 비교해 보세요.
5) 토양 오염이 심각해진 이유가 뭐라고 생각해요?
6) 지금 퇴근 시간인데 길이 많이 막힐까요? 지하철역까지 택시를 타고 가려고요.

소문으로 들은 것과 실제 상황이 달랐던 적이 있습니까?

네. 유명한 맛집에 가 봤는데 **소문과 달리** 음식이 맛없었습니다.

듣기 Listening

[1~4] 다음을 듣고 질문에 답해 보세요.

1. 뉴스를 듣고 알맞은 그래프를 고르세요.

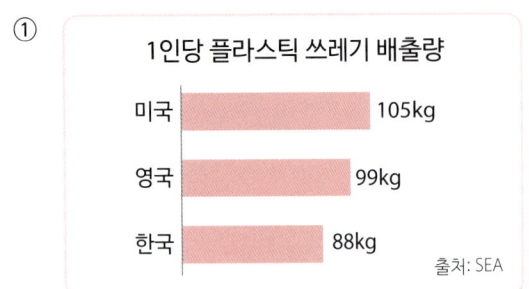

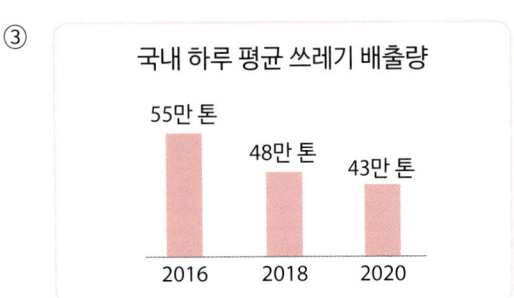

2. 대화가 끝난 후 남자가 이어서 할 행동으로 가장 알맞은 것을 고르세요.

   ① 은행에 가서 이름을 바꾼다.
   ② 한국어 시험 성적표를 찾는다.
   ③ 장학금을 신청하는 이메일을 보낸다.
   ④ 학교 홈페이지에 계좌 번호를 등록한다.

3. 대화가 끝난 후 여자가 이어서 할 행동으로 가장 알맞은 것을 고르세요.

   ① 필요 없는 물건을 정리한다.
   ② 주민센터에 가서 돈을 낸다.
   ③ 이웃 장터에서 선풍기를 판다.
   ④ 근처에 있는 수거함을 찾아본다.

4. 발표를 듣고 남자의 생각으로 가장 알맞은 것을 고르세요.

   ① 사투리를 쓰면 외국인이 알아듣기 힘들다.
   ② 공식적인 상황에서는 표준어를 써야 한다.
   ③ 사투리를 통해서 지역 문화를 알릴 수 있다.
   ④ 부산에 사는 외국인은 사투리를 배워야 한다.

 발생량 generated amount   배출량 released amount   환경부 Ministry of Environment   주민센터 community center
수거함 collection box

[5~6] 다음을 듣고 들은 내용과 같은 것을 고르세요.

5. ① 남자는 어제 잠을 못 자서 피곤해 한다.
   ② 여자는 윗집에 아이가 있다고 생각한다.
   ③ 여자는 남자가 음악을 크게 듣는 것에 불만이다.
   ④ 남자는 여자가 직접 윗집에 항의해야 한다고 생각한다.

6. ① 이 문제에 대한 논란은 최근에 발생했다.
   ② 반대하는 사람들은 환경을 중요하게 생각한다.
   ③ 서울시에서 이 문제에 대한 해결책을 마련하기로 했다.
   ④ 찬성 측은 케이블카만 설치하면 다른 것을 양보하겠다고 한다.

[7~8] 대화를 듣고 질문에 답해 보세요.

7. 두 사람은 무엇에 대해 이야기하고 있습니까?
   ① 물티슈를 사용해도 되는가?
   ② 물티슈의 장점은 무엇인가?
   ③ 어떻게 물티슈를 재활용할 수 있는가?
   ④ 물티슈 사용을 줄이는 방법은 무엇인가?

8. 여자의 생각으로 가장 알맞은 것을 고르세요.
   ① 몸에 좋은 재료로 만든 물티슈가 좋다.
   ② 물티슈 같은 일회용품 사용을 줄여야 한다.
   ③ 빨리 썩는 재료로 물티슈를 만들어야 한다.
   ④ 물티슈를 전혀 사용하지 않는 것은 불가능하다.

[9~10] 강연을 듣고 질문에 답해 보세요.

9. 여자가 설명한 말의 뜻으로 맞는 것을 고르세요.
   ① 주린이-주말에 일하는 사람
   ② 등린이-등산을 처음 시작한 사람
   ③ 요린이-요가 실력이 부족한 사람
   ④ 자린이-자동차 운전을 잘하는 사람

10. 들은 내용과 일치하는 것을 고르세요.
    ① '-린이'를 붙인 단어는 유행이 지난 말이다.
    ② '-린이'를 사용해도 되는지 논란이 되고 있다.
    ③ '-린이'를 사용하면 어른을 차별하는 느낌이 든다.
    ④ '-린이'라는 말은 어린이를 귀엽게 표현하는 말이다.

 측 side

읽기 Reading

[1~6] 다음을 읽고 질문에 답해 보세요.

1. 신문 기사의 제목을 가장 잘 설명한 것을 고르세요.

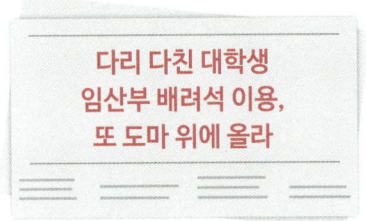

다리 다친 대학생
임산부 배려석 이용,
또 도마 위에 올라

① 아픈 사람이 임산부 배려석을 이용해도 되는지 논란이 되고 있다.
② 몸이 불편한 대학생이 임산부에게 자리를 양보해서 칭찬을 받았다.
③ 임산부 배려석에 다리를 다친 대학생이 앉는 것은 문제가 되지 않는다.
④ 아픈 대학생이 임산부 배려석에 앉지 못해서 차별을 당했다고 주장했다.

2. 다음 글의 내용과 같은 것을 고르세요.

> 환경부에 따르면 2020년 플라스틱 쓰레기 발생량은 923톤으로 전년에 비해 18.9% 증가했다고 한다. 사람들이 주로 사용하는 플라스틱 용품은 일회용 컵과 비닐봉지 등인데 이것은 토양 오염의 주요 원인이기도 하다. 토양 오염이 심각해지면서 일회용품 사용을 줄여야 한다는 목소리가 커지고 있다. 한국인이 일 년 동안 사용하는 일회용 컵은 약 33억 개로 1인당 일회용 컵을 65개 사용하는 셈이다. 일회용 컵의 사용을 줄이기 위해 정부는 일회용 컵 사용을 제한하는 정책을 실시하겠다고 발표했다. 그러나 이 정책이 일회용품 사용을 줄이는 데 효과가 있을지 의문을 제기하는 사람이 많다.

① 정부는 일회용품을 줄이기 위한 대책을 마련하지 않았다.
② 일회용 컵과 비닐봉지의 사용은 토양 오염에 큰 영향을 주지 않는다.
③ 한국인 한 명이 1년 동안 사용하는 일회용 컵의 수는 65개 정도이다.
④ 2020년에 사람들이 사용한 플라스틱 용품은 2019년에 비해 감소했다.

3. 다음을 순서대로 맞게 나열한 것을 고르세요.

> (가) 그러나 욕을 많이 사용하는 사람은 욕 때문에 부정적인 영향을 받게 된다.
> (나) 그러므로 욕을 습관적으로 하는 사람은 하루라도 빨리 이를 고치기 위해 노력해야 한다.
> (다) 실제로 한 연구 결과에 의하면 욕을 많이 하는 경우 어휘력과 사고력이 떨어진다고 한다.
> (라) 화가 나거나 스트레스를 받을 때 욕을 하면 속이 시원해지고 가슴이 뻥 뚫리는 것처럼 느껴진다.

① (다) - (가) - (라) - (나)   ② (다) - (라) - (가) - (나)
③ (라) - (가) - (다) - (나)   ④ (라) - (나) - (가) - (다)

4. 다음 글에서 보기 의 문장이 들어가기에 가장 알맞은 곳을 고르세요.

> 대학교 캠퍼스 내에 유명 카페를 비롯한 상업 시설이 많아지고 있다. (㉠) 학교 밖으로 나가지 않아도 식당이나 편의점 같은 시설을 이용할 수 있어서 이것에 찬성하는 학생도 있지만 반대하는 의견도 많다. (㉡) 외부 업체는 학교에 큰돈을 내고 공간을 빌리기 때문에 음식이나 서비스 가격을 비싸게 받을 수밖에 없고 이런 시설을 이용하는 학생들에게 큰 부담이 된다. (㉢) 이런 문제를 해결하려면 대학이 운영하는 생협이 활성화돼야 한다는 지적이 나온다. (㉣) 하지만 대학에서는 임대료를 많이 받을 수 있는 상업 시설을 확대하려고 해서 생협의 설 자리가 줄어들고 있는 것이 현실이다.

> 보기   학생들이 생협을 상대적으로 저렴하게 이용할 수 있고 생협의 수익은 학생들의 복지를 위해 사용되기 때문이다.

① ㉠   ② ㉡   ③ ㉢   ④ ㉣

5. 빈칸에 들어갈 말로 알맞게 연결된 것을 고르세요.

> 사투리는 표준어와 대비되는 개념으로 한 지역에서 사는 사람들이 공통적으로 사용하는 말을 의미한다. 한국의 사투리는 경상도 사투리, 전라도 사투리, 강원도 사투리 등으로 나뉘는데 같은 물건도 지역에 따라 각각 부르는 말이 다르다. (㉠) '젓가락'은 경상도에서는 '저까치', 전라도에서는 '저붐' 강원도에서는 '저분'이라고 부른다.
> 이렇게 지역에 따라 같은 물건을 부르는 말이 달라진 이유는 그 지역이 강이나 산으로 막혀서 사람들이 자주 오고 가기가 어려웠기 때문이다. 사람들이 한 지역에서만 오래 살다 보니까 그 지역에서 사용하는 독특한 표현과 말투가 자연스럽게 생겨난 것이다. (㉡) 요즘은 예전과 달리 지역 간의 이동이 어렵지 않고 표준어를 사용하는 사람이 많아지면서 점점 사투리가 사라져 가고 있다.

① ㉠ 또한 – ㉡ 이처럼   ② ㉠ 그리고 – ㉡ 반면에
③ ㉠ 그래서 – ㉡ 그러므로   ④ ㉠ 예를 들면 – ㉡ 그러나

도마 위에 오르다 to be on the chopping block   추가 금액 extra amount   임대료 rent   생협 living cooperative association

6. 다음 글의 주제로 가장 알맞은 것을 고르세요.

> 화산 폭발이나 모래 먼지, 자연적으로 발생한 산불처럼 인간의 활동과 상관없이 대기가 오염될 수 있으나 그 영향은 크지 않다. 지금과 같은 심각한 대기 오염은 인간의 경제 활동으로 인해 발생한 것이다. 사람들은 가깝든지 멀든지 자동차를 타고 이동하며 공장에서 만든 물건을 손쉽게 사다가 쓰고 버린다. 수많은 공장에서 내뿜는 매연, 자동차에서 배출되는 배기가스, 난방을 위해 석탄을 태울 때 나오는 나쁜 성분들이 대기 오염의 주요 원인이라고 볼 수 있다. 이런 문제를 빨리 해결하지 않으면 우리가 숨 쉴 공기까지 사라질지도 모른다.

① 대기 오염의 영향　② 대기 오염의 원인　③ 대기 오염의 진행 상황　④ 대기 오염의 해결 방법

[7~8] **다음을 읽고 질문에 답해 보세요.**

> 2011년 한 식당에서 뛰어다니던 어린아이가 화상을 입은 사고가 있었다. 그때 그 식당의 주인에게 잘못이 있다는 법원의 판결이 나온 이후 비슷한 사건이 연속으로 발생하면서 일부 식당이나 카페 주인들이 아이들의 안전을 이유로 아이들의 출입을 금지하기 시작했다. 2015년에는 처음으로 '노키즈존'이라는 말이 등장했으며 현재는 아이들의 출입을 제한하는 공간이라는 의미로 사용되고 있다. 아이를 가진 부모들은 마음대로 식당에도 갈 수 없다며 이런 가게들을 비판했지만 조용하고 편안한 서비스를 받고 싶어 하는 사람들은 이런 결정을 반겼다. '노키즈존'에 대해서는 여전히 아이와 부모의 권리를 침해한다는 비판과 가게 주인의 결정을 받아들여야 한다는 주장이 팽팽히 맞서고 있다.
>
> 얼마 전 서울의 한 캠핑장에서는 40대 이상 손님의 출입을 제한했다가 논란이 되었다. 부산의 한 식당에서는 대학 교수의 출입을 금지하는 '노교수존'이 등장했다. 이처럼 '노OO존'은 점점 확대되고 있다. 이런 가게 주인들의 행동은 나이나 직업을 이유로 사람을 차별하는 것이다. 나와 다른 사람들을 배려하기는커녕 다르다는 이유로 차별하는 현실이 여간 안타깝지 않다.

7. 이 글의 내용과 일치하는 것을 고르세요.

① '노키즈존'이라는 말은 2011년에 최초로 사용되었다.
② 법원의 판결이 나온 이후 '노○○존'은 법으로 금지되었다.
③ '노○○존'처럼 나이나 직업을 이유로 출입을 제한하는 곳이 늘어나고 있다.
④ '노키즈존'으로 가게를 운영하는 것은 아이와 부모의 권리를 침해한다는 의견이 더 많다.

 화산 폭발 volcanic eruption　산불 wildfire　내뿜다 to emit　화상을 입다 to get burned　법원 court　판결 verdict
반기다 to welcome　팽팽히 tightly

8. 이 글의 중심 생각으로 가장 알맞은 것을 고르세요.

① '노키즈존'은 꼭 필요하다.
② '노○○존'은 다양한 곳으로 확대되어야 한다.
③ '노키즈존'이 늘어나는 것은 바람직하지 않다.
④ 손님들은 조용한 곳에서 서비스를 받을 권리가 있다.

[9~10] 다음을 읽고 질문에 답해 보세요.

> 나라에 따라서 또는 지역에 따라서 심각한 오염의 종류가 다를 수도 있지만 결국 대기 오염, 토양 오염, 수질 오염은 모두 관련되어 있다고 볼 수 있다. 예를 들어 농사를 지을 때는 벌레를 없애기 위해서 농약을 뿌린다. 그 농약은 대기 중으로도 흩어지며 비가 오면 땅에 스며든 농약이 빗물과 함께 강으로 흘러든다. 결국 농약을 뿌리는 행동으로 인해 땅이 오염될 뿐만 아니라 공기와 물도 오염되는 것이다.
>
> 따라서 환경 오염을 막기 위해서는 특정한 종류의 오염만을 생각해서는 안 된다. 즉, 수질 오염이 심각하다고 해서 공장 폐수만 줄이는 것은 (   ) 큰 도움이 되지 않을 수 있다는 것이다. 수질 오염을 막으려면 직접적인 원인이 되는 공장 폐수와 생활 하수를 줄여야 하는 것은 물론이고 대기 중의 오염 물질이 비에 녹아내리지 않도록 매연이나 유해한 가스의 배출을 줄여야 한다. 또한 땅속의 오염 물질이 강으로 흘러 들어가지 않도록 땅에 묻는 플라스틱 쓰레기를 줄이고 농약을 적게 사용해야 할 것이다. 이처럼 환경 오염을 막으려면 한 가지 원인만을 고려해서는 안 되며 관련된 여러 원인을 없애기 위해 노력해야 한다.

9. (   )에 들어갈 내용으로 가장 알맞은 것을 고르세요.

① 환경을 파괴하는 데에
② 도시를 개발하는 데에
③ 자원을 이용하는 데에
④ 환경 오염을 막는 데에

10. 이 글의 제목으로 가장 알맞은 것을 고르세요.

① 토양 오염의 심각성
② 각종 오염의 관련성
③ 수질 오염의 예방법
④ 환경 보호의 필요성

유해하다 to be hazardous

쓰기 Writing

1. 공통으로 들어갈 말을 골라서 알맞게 써 보세요.

> 절약하다   낭비하다   부딪히다   생기다   확대되다

1) 줄임말을 사용하다 보면 그 말을 모르는 사람들과 대화할 때 오해가 _____ 수 있다.
   갈등이 _____ 때 빨리 해결하는 방법은 서로의 입장을 이해하고 조금씩 양보하는 것이다.

2) 전기를 _____ 위해 쓰지 않는 전자 제품의 플러그를 빼 놓는 것이 좋다.
   널리 알려진 외국어를 쓰면 그 말에 대해서 설명을 하지 않아도 되니까 시간을 _____ 수 있다.

3) 일어나다가 책상에 무릎을 _____ 바람에 멍이 들었다.
   서울시에서 공원을 없애려다가 시민들의 반대에 _____ 계획을 수정하기로 했다.

2. 알맞은 말을 골라서 대화를 완성해 보세요.

> 제한하다   대체하다   논란이 되다   표현이 풍부해지다   마구 사용하다   대충 짐작하다

1) 가: 학생들이 수업 시간에 휴대폰을 사용해도 되는지 사용하면 안 되는지 _____ 있어요.
   나: 저는 수업 시간에 집중하기 위해서 휴대폰을 사용하면 안 된다고 봐요.

2) 가: 음식물 쓰레기를 버릴 때 일회용 비닐장갑을 쓰면 손이 더러워지지 않아서 좋아.
   나: 그렇게 일회용품을 _____ 쓰레기가 많아지고 환경도 오염될 거야.

3) 가: 가게에 들어가서 물건을 구경하려고 하는데 왜 줄을 서야 돼요?
   나: 손님들이 편하게 쇼핑할 수 있도록 매장에 들어갈 수 있는 인원수를 _____ 있어서 그렇습니다. 양해해 주시기 바랍니다.

4) 가: 최근 신조어를 쓰는 사람들이 많아지고 있는데요. 신조어를 쓰는 것에 대해 어떻게 생각하십니까?
   나: 제 생각에는 신조어를 쓰면 같은 상황이라도 여러 어휘를 이용해 설명할 수 있으니까 _____ 것 같습니다. 그래서 저는 신조어를 사용하는 게 문제가 안 된다고 생각합니다.

3. **주어진 말을 사용해서 대화를 완성해 보세요.**

   1) 가: 세계적으로 유명한 회사에서 이 섬에 리조트를 지으려고 한다면서요?
      나: 네. 섬을 _____ 논란이 되고 있어요. 리조트가 생기면 일자리가 생긴다는 장점이 있지만 환경이 오염될 수도 있어서요. (개발하다)

   2) 가: 학교 앞에 카페가 새로 문을 열었던데 한번 가 볼까요?
      나: 좋아요. 안나 씨한테 들었는데 _____ 맛있는 걸 많이 판다더라고요. (케이크, 쿠키)

4. **틀린 부분을 찾아서 맞게 고쳐 보세요.**

   그 사람이 내 사촌이기는 <u>하는데</u> 최근 5년간 만난 적이 없을 정도로 교류가 없다. ➡ 한데

   1) 자꾸 밤을 새워서 일하다가는 건강에 문제가 생겼다.

   2) 내가 싫어하는 매운 라면을 먹느니 차라리 아무것도 먹지 않았다.

5. **알맞은 표현을 골라서 대화를 완성해 보세요.**

   -을지도 모르다   -을 것이 아니라   -는 사이에   -는 데다가

   1) 가: 기운이 없어 보여요. 어디 아파요?
      나: 아니에요. 오늘 발표가 있어서 어제 밤새 _____ 아침도 못 먹어서 그래요.

   2) 가: 아야나 씨도 우리랑 같이 점심을 먹으면 좋을 텐데요.
      나: 아직 12시밖에 안 되었으니까 _____ . 아야나 씨한테 전화해 보세요.

   3) 가: 어쩌다가 가방을 잃어버린 거예요?
      나: 제가 화장실에 _____ 누가 제 가방을 가져간 것 같아요.

6. 다음 표현을 사용해서 '사투리의 사용'에 대한 글을 200~300자로 쓰세요.

-는지 -는지   과 달리   -는 데다가

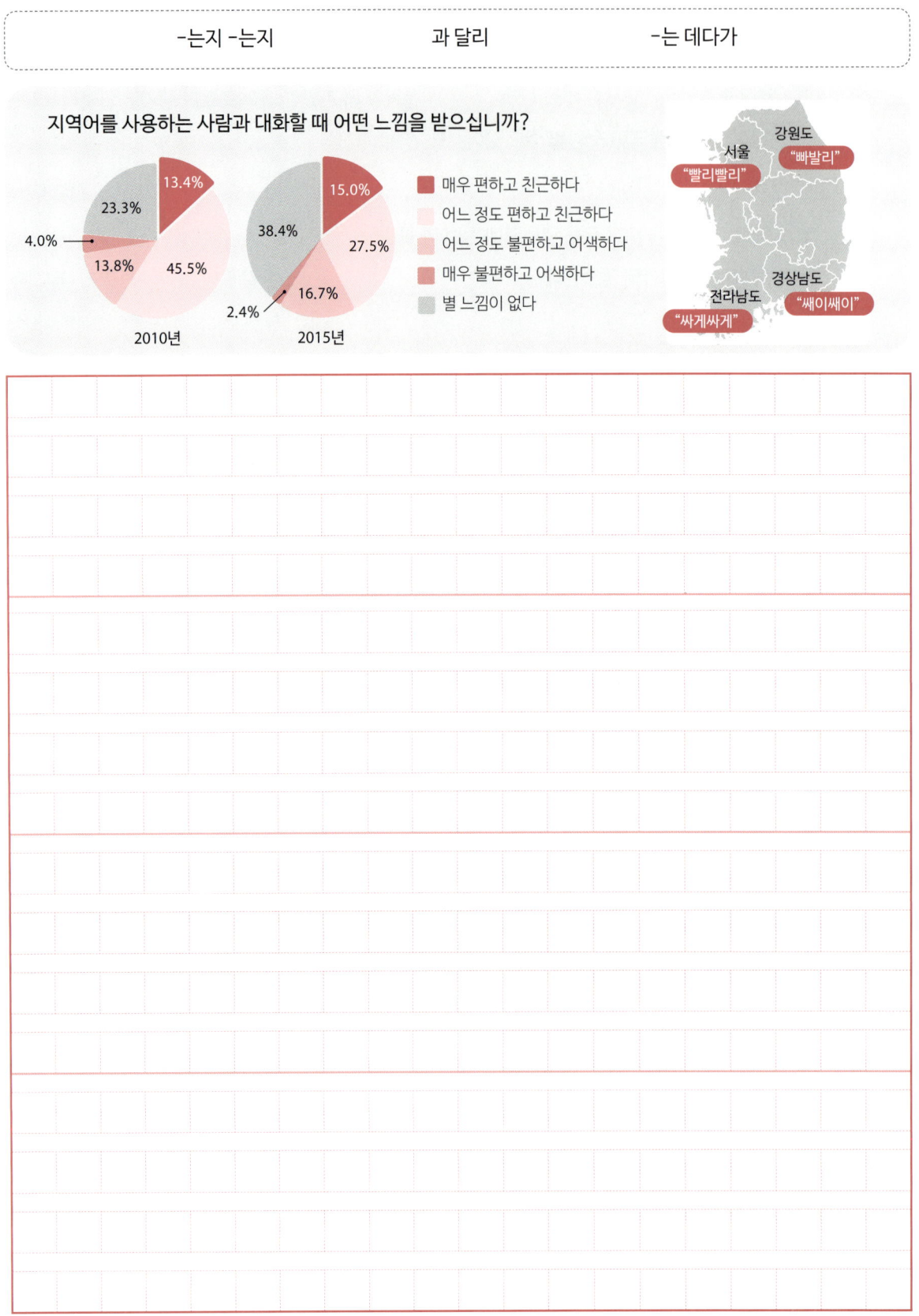

발음 Pronunciation

🎧 잘 들어 보세요.

① 이 문제가 **논란**이 되고 있습니다.
② 회사 앞에 **싱크홀**이 생겨서 교통사고가 났대요.
③ 환경 오염이 심각해서 정말 **큰일이다**.

🎧 잘 듣고 따라 해 보세요.

① **진로**를 고민하고 있어요.
② 다음 달에 **싱가포르**로 출장을 가게 되었어요.
③ 오늘 눈이 정말 많이 **온다**.

🎧 잘 듣고 친구와 연습해 보세요.

① 가: 이 박물관에서는 무엇을 전시하고 있습니까?
   나: 이 박물관에서는 **신라** 시대의 유물을 전시하고 있습니다.

② 가: 주말인데 어디 놀러 갈까요?
   나: 가고 싶지만 집안일을 해야 돼요. 며칠 동안 설거지를 안 했더니 **싱크대**에 접시들이 쌓여 있어요.

③ 가: 이 식당 음식은 정말 **맛있다**.
   나: 그렇지? 네 입맛에 맞을 줄 알았어.

16

동물과 식물 Animals & Plants

16-1 반려동물의 의미
16-2 멸종과 보호

16-1	어휘	반려동물의 장단점, '-성'
	문법과 표현	동-어 대다
		동형-더라도
16-2	어휘	동물과 식물, 동물과 식물의 보호
	문법과 표현	명에 의해(서)
		명마저

어휘 Vocabulary

1. 알맞은 말을 골라서 대화를 완성해 보세요.

> 관리가 힘들다　　집이 지저분해지다　　배설물을 치우다
> 외로움을 달래다　　(사회성을 키우다)　　우울증을 예방하다　　심리적 안정감을 높이다

1) 가: 학생들이 꼭 학교에 가야 한다고 생각하세요?
   나: 네. 물론 집에서도 공부는 할 수 있지만 학교에 가야 <u>사회성을 키울</u> 수 있다고 생각하거든요.

2) 가: 아침에 뉴스를 보니까 혼자 밥을 먹는 사람이 그렇지 않은 사람보다 우울증에 걸릴 확률이 높대요.
   나: 저도 봤어요. 연구에 의하면 혼자 사는 노인들이 모여서 함께 식사를 하면 _____ 수 있대요.

3) 가: 민우의 집들이 선물로 공기 정화 식물을 하나 사 줄까 하는데 네 생각은 어때?
   나: 식물은 물도 줘야 하고 햇빛도 신경 써야 되니까 _____ 것 같아. 다른 거 사자.

4) 가: 지금 라디오에서 나오는 노래는 네가 자주 듣는 노래인 것 같은데, 맞지?
   나: 응. 내가 고향에 있을 때 좋아하던 노래야. 요즘은 혼자 사니까 가끔 외로울 때가 있는데 그때 들으면 _____ 수 있어서 좋아.

5) 가: 집에 있기 답답해서 근처 공원에 산책을 나갔는데 길 여기저기에 강아지 똥이 너무 많더라.
   나: 강아지 주인들이 _____ 않고 그대로 두고 가는 경우가 많아서 문제가 되고 있대.

6) 가: 직원들이 좋은 성과를 내게 하려면 스트레스를 풀고 불안한 마음을 없앨 수 있는 환경을 만드는 게 중요하대.
   나: 나도 그렇게 생각해. 직원들의 _____ 일을 더 잘할 수 있을 것 같아.

7) 가: 친구가 여행을 가서 며칠 동안만 자기 강아지를 맡아 달라고 하는데 그래도 돼?
   나: 괜찮기는 한데 강아지 털과 배설물 때문에 _____ 않을까?
   가: 걱정하지 마. 내가 깨끗하게 청소할게.

2. 알맞은 말을 골라서 대화를 완성해 보세요.

> 가능성　　　공격성　　　필요성　　　(사회성)　　　다양성

1) 가: 마리 씨는 처음 만난 사람과도 쉽게 친해지고 친구도 많은 것 같아요.
   나: 맞아요. 마리 씨가 워낙 <u>사회성이</u> 좋아서 그래요.

2) 가: 캠핑 가려고 음식 재료도 사 놓고 텐트도 준비했는데 내일 비가 오지는 않겠지?
   나: 아까 일기 예보를 봤는데 비가 올 _____ 거의 없다고 하니까 걱정하지 마.

3) 가: 효과적인 의사소통을 위해서 지역어를 사용하지 말자는 의견이 있는데 어떻게 생각하십니까?
   나: 저는 언어가 사용하는 사람의 수만큼 여러 가지 모습을 가지고 있다고 생각합니다. 언어의 _____ 고려한다면 지역어를 사용하는 것이 문제가 안 된다고 봅니다.

4) 가: 아이들이 컴퓨터 게임을 못 하도록 제한해야 한다는 의견이 많은데요, 그 이유는 무엇일까요?
   나: 컴퓨터 게임에는 폭력적인 내용이 많아서 아이들에게 영향을 줄 수 있기 때문입니다. 실제로 게임을 많이 하는 아이들이 그렇지 않은 아이들보다 _____ 높다는 연구 결과가 있습니다.

5) 가: 4~5세의 어린아이들에게 외국어를 가르쳐야 한다고 생각하십니까?
   나: 모국어도 제대로 못하는 아이들에게 외국어를 가르치는 게 무슨 도움이 될까요? 그렇게까지 조기 교육을 해야 할 _____ 있을까요?

3. 친구와 이야기해 보세요.

> - 반려동물을 키운 적이 있습니까? 어떤 점이 좋았고 어떤 점이 어려웠습니까?
> - 반려식물을 키울 때의 장점과 단점은 무엇입니까?
> - 어떤 일을 해야 할 필요성을 느낀 적이 있습니까?

문법과 표현 1 동-어 대다

1. 그림을 보고 대화를 완성해 보세요.

1)

가: 너는 어떻게 생각해?
나: 뭐라고? 저 학생들이 <u>떠들어 대서</u> 하나도 안 들려.

2)

가: 오늘은 비가 많이 온다고 해서 집에서 공부하려고. 너는?
나: 난 도서관에 갈 거야. 옆집에서 개를 키우는데 자꾸 _____ 너무 시끄러워. 집에서는 공부가 안 돼.

3)

가: 민우 씨 성격이 참 좋아 보이지 않아요?
나: 글쎄요. 자기가 실수를 하거나 웃으면 안 되는 상황에서도 _____ 좀 이상해 보이던데요.

4)

가: 학교에 일찍 왔네요. 오늘은 늦잠 안 잤어요?
나: 저 오늘 5시에 일어났어요. 매미가 창문 밖에서 _____ 일찍 일어날 수밖에 없었어요.

5)

가: 수호 씨, 언제 퇴근할 거예요?
나: 저 오늘 야근해야 될 것 같아요. 옆자리 동료가 오후 내내 큰 소리로 _____ 일에 집중할 수가 없었거든요.

6)

가: 저쪽 길로 가면 빠른데 왜 이쪽으로 가?
나: 사람들이 _____ 그쪽으로 지나가면 담배 연기 때문에 너무 불편해.

2. 알맞은 말을 골라서 대화를 완성해 보세요.

놀리다   조르다   소리를 지르다   (거짓말을 하다)   욕을 하다

1) 가: 민수가 미안하다고 하니까 용서해 주는 게 어때?
   나: 민수가 자꾸 거짓말을 해 대서 이제는 민수 말을 믿을 수가 없어.

2) 가: 게임기를 테오 씨한테 빌려줬다고? 네가 아끼는 거라 아무한테도 안 빌려준다고 했잖아.
   나: 빌려 달라고 자꾸 _____ 빌려줄 수밖에 없었어.

3) 가: 제니가 새로 나온 공포 영화를 보러 영화관에 가자고 하던데. 너도 같이 갈 거지?
   나: 난 제니랑은 같이 안 볼 거야. 제니는 무서운 장면이 나올 때마다 _____
   같이 영화 보기 창피해.

4) 가: 마리 씨, 우리 이번 정류장에서 내려요.
   나: 왜요? 아직 두 정류장이나 더 가야 되는데요.
   가: 앞에 있는 학생들이 _____ 듣고 있기 불편해서 그래요. 내려서 걸어가요.

5) 가: 소날 씨, 민우 씨하고 싸웠어요? 왜 민우 씨하고 말을 안 해요?
   나: 네. 제가 실수로 선생님을 '생선님'이라고 불렀는데 민우 씨가 계속 _____.
   한두 번은 참겠는데 저를 볼 때마다 그러니까 화가 나더라고요.

3. 친구와 이야기해 보세요.

• 여러분의 좋지 않은 버릇을 다른 사람이 지적한 적이 있습니까? (다리를 떨다, 손톱을 깨물다…)
• 친구가 반복적으로 하는 행동 때문에 짜증이 난 적이 있습니까?
• 이웃의 행동 때문에 불편을 겪은 적이 있습니까?

저는 다리를 떠는 버릇이 있어요. 아버지가 저를 보실 때마다 다리를 떨어 대면 안 좋은 일이 생길 거라고 지적하세요.

문법과 표현 2 동형-더라도

1. 대화를 완성해 보세요.

   1) 가: 요즘 너무 바빠서 밥 먹을 시간도 없다면서요? 내일 모임에 올 수 있겠어요?
      나: 그럼요. 오랜만에 다 같이 모이는 거니까 무슨 일이 있더라도 꼭 갈 거예요.

   2) 가: 테오 씨, 다음 주에 고향에 돌아간다면서요? 그동안 정도 많이 들고 친해졌는데 아쉬워요.
      나: 네, 저도 그래요. 제가 고향에 _____ 우리 계속 연락하면서 지내요.

   3) 가: 발표할 때 실수할까 봐 너무 떨려요.
      나: 틀려도 아무도 이상하게 생각하지 않으니까 _____ 자연스럽게 넘어가세요.

   4) 가: 인터넷에서 가구를 샀는데 조립하는 과정이 너무 복잡해서 못 쓰고 있어요.
      나: 아무리 _____ 설명서를 보고 하나씩 하나씩 조립해 보면 완성할 수 있을 거예요.

   5) 가: 엥흐 씨는 정말 긍정적인 것 같아요.
      나: 맞아요. 엥흐 씨는 나쁜 일이 _____ 다 잘될 거라고 이야기해요.

   6) 가: 저기요, 제가 12층에 사는데 엘리베이터가 고장 나서 너무 불편해요. 이따가 장도 봐 와야 하는데 언제 고쳐질까요?
      나: 네, 죄송합니다. 한두 시간쯤 더 걸릴 것 같습니다. _____ 계단을 이용하시거나 다 고쳐질 때까지 기다리셔야 할 것 같습니다.

2. 대화를 완성해 보세요.

   1) 가: 다음 달에 있는 축구 대회에서 우리 학교가 우승할 수 있을까요?
      나: 다른 팀들과 실력 차이가 나서 지금부터 열심히 준비하더라도 우승하기는 힘들 거예요.

   2) 가: 이 책 읽어 봤어? 한국 역사를 이해하는 데 도움이 될 거야.
      나: 잠깐 봤는데 그 책은 중간중간에 한자가 나와서 내가 _____ 이해할 수 없을 것 같았어.

3) 가: 꼭 보고 싶은 콘서트가 있는데 예매를 못 했어. 콘서트 하는 날 현장에 가면 표를 구할 수 있을까?

   나: 인터넷 사이트를 통해서만 표를 판다고 했으니까 그날 콘서트장에 _____ 표를 못 살걸.

4) 가: 어제 판소리 공연을 봤어. 한국말 같기는 한데 무슨 내용인지 하나도 모르겠더라.

   나: 판소리에는 옛날 말이 많이 나와서 한국 사람들이 _____ 다 이해하기는 힘들 거야.

5) 가: 한국에서 생활하면 한국어 실력이 빨리 좋아질까?

   나: 한국에서 _____ 한국어를 사용하지 않으면 한국어 실력이 늘지 않을 거야.

6) 가: 내일 시험인데 오늘 밤새워서 공부하면 잘 볼 수 있을까?

   나: 몇 시간 안 남았잖아. 지금부터 _____ 시험 잘 보기는 힘들 것 같아.

3. 친구와 이야기해 보세요.

- 평소에 답답하다고 안전벨트를 안 하려는 친구에게
- 이미 비행기 시간에 늦었는데 공항에 가려고 하는 친구에게
- 스무 살이 넘었는데 키 크겠다고 우유를 많이 마시는 친구에게
- 경쟁률이 높아서 대학원에 진학하는 것을 포기하려는 친구에게

난 안전벨트를 하면 답답해서 잘 안 해.

안전벨트는 답답하더라도 꼭 해야 해. 만약에 사고가 나면 크게 다칠 수 있어.

어휘 Vocabulary

1. 알맞은 말을 골라서 대화를 완성해 보세요.

> 멸종되다　　(훈련시키다)　　서식하다　　번식시키다　　수족관에 가두다

1) 가: 얼마 전부터 강아지를 키우게 되었는데 집안 여기저기에 똥오줌을 싸서 걱정이에요.
   나: 강아지가 정해진 장소에서만 변을 보도록 <u>훈련시켜야</u> 할 것 같은데요.

2) 가: 저는 지역 발전을 위해서 관악산을 개발해야 한다고 봅니다.
   나: 관악산은 동물과 식물 5,000여 종이 _____ 곳입니다. 관악산을 개발하면 환경이 파괴되고 이곳에 사는 동식물들이 피해를 입을 수밖에 없습니다.

3) 가: 새로 생긴 수족관에 가면 고래를 가까이에서 볼 수 있대. 정말 멋질 것 같아.
   나: 글쎄. 고래나 상어처럼 넓은 바다에서 사는 동물을 _____ 동물들이 스트레스를 받아서 안 좋다는데….

4) 가: 공룡이 지구에서 사라진 이유가 갑자기 변한 환경 때문이라면서요?
   나: 네. 환경이 바뀌면 많은 동물과 식물들이 공룡처럼 _____ 몰라요.

5) 가: 동물원에서 새끼 판다가 태어났대요.
   나: 잘됐네요. 판다는 자연 상태에서는 새끼를 낳기 어려운 동물이에요. 그래서 동물원에서 판다를 보호하면서 _____ 위해서 노력한대요.

2. 알맞은 말을 골라서 신문 기사를 완성해 보세요.

> 먹이를 주다   동물원을 만들다   사냥을 금지하다
> 서식지를 보호하다   자연으로 돌려보내다

NEWS

멸종 위기종 수리부엉이 상처 입은 채 발견

동물 보호 단체는 수리부엉이의 상처를 치료한 후
1) <u>자연으로 돌려보낼</u> 예정이다.

NEWS

오늘부터 비둘기에게 먹을 것을 주면 안 됩니다

서울시에서는 비둘기 수가 늘어나는 것을 막기 위해
2) _____ 말라는 안내문을 게시하고 있다.

NEWS

재미있다고요? 야생동물도 소중한 생명입니다

사람들이 SNS 사진을 찍기 위해 동물을 죽이는 일이 발생하고 있다. 정부는 야생동물을 보호하기 위해
3) _____ 했다.

NEWS

오늘부터 아산시 호수 지역 출입 금지

아산시는 호수 주변에서 반딧불이가 서식하는 것을 발견하고 4) _____ 위해 이 지역의 출입을 금지하기로 했다.

NEWS

고릴라 수 급격히 감소

최근 고릴라의 수가 빠르게 감소하자 몇몇 동물 보호 단체들은 고릴라를 보호할 수 있는 5) _____ 한다고 주장하고 있다.

 수리부엉이 eagle-owl   반딧불이 firefly

문법과 표현 ③ 명에 의해(서)

1. 그림을 보고 문장을 완성해 보세요.

1)
제주도는 <u>화산 폭발에 의해</u> 형성된 섬이다.

2)
고려시대 유물이 발견되어서 아파트 건설 공사가
_____ 중단되었다.

3)
인기 있는 웹툰이 세계적으로 _____
영화로 만들어졌다.

4)
_____ 섬이 관광지로 개발되면서 수질
오염 문제가 더 심각해졌다.

5)
불이 난 건물에 갇힌 아이가 _____
구조되었다.

구조되다 to be rescued

2. 알맞은 말을 골라서 대화를 완성해 보세요.

> 시민들　　　　　동물 보호 단체　　　　　학생들
> 서울대학교 연구팀　　바이러스　　주민들의 요구

1) 해변으로 떠밀려 온 고래가 바다로 돌아가지 못하고 있다가 <u>동물 보호 단체에 의해</u> 구조되었다.

2) 감기는 _____ 전염되기 때문에 감기에 걸린 사람과 접촉하면 쉽게 감기에 걸릴 수 있다.

3) 한국 최초의 무인 자동차인 스누버(SNUver)가 _____ 개발되었다.

4) 이 학교의 특징은 _____ 학교 규칙이 정해진다는 것입니다.

5) 이 길은 어두워서 다니기가 불편했는데 _____ 가로등이 설치된 후 다니기가 좋아졌다.

6) 시민들 사이에서 음식을 포장할 때 일회용품이 아니라 다회용품을 이용하자는 캠페인이 진행되고 있다. 이렇게 환경 보호 캠페인은 평범한 _____ 시작되기도 한다.

3. 친구와 이야기해 보세요.

> • 여러분의 진로는 어떻게 정해졌습니까?
> • 여러분 고향의 시장이나 대통령은 어떻게 결정됩니까?
> • 10년 전과 비교하면 달라진 것은 무엇입니까? 무엇에 의해 달라졌다고 생각합니까?

> 저는 어렸을 때 별로 하고 싶은 것이 없었는데 부모님이 저한테 의사가 되라고 하셨어요. 저는 부모님의 말대로 의대에 진학했어요. 결국 제 진로는 부모님에 의해 정해진 셈이에요.

해변 seaside　　**떠밀려 오다** to be pushed onto　　**접촉하다** to come in contact　　**무인 자동차** self-driving vehicle
가로등 streetlight

문법과 표현 4 명마저

1. 그림을 보고 문장을 완성해 보세요.

1)
그 친구는 사업에 실패해서 가지고 있던 주식과 땅을 팔 수밖에 없었는데 최근에는 <u>살던 집마저</u> 팔게 되었다.

2)
날씨가 춥고 비도 많이 오는데 _____ 심하게 불어서 걷기가 힘들 정도이다.

3)
수질 오염이 심각해지면 식물들이 자랄 수 없고 동물들은 마실 물과 먹을 것이 없어서 죽게 된다. 결국에는 사람들이 _____ 부족해질 것이다.

4)
윗집에서 밤늦게까지 큰 소리로 음악을 듣고 세탁기를 돌린다. 최근에는 윗집에서 키우는 _____ 시끄럽게 짖어서 관리 사무소에 항의했다.

5)
카페를 창업했는데 몇 달째 손님도 별로 없고 가게 월세도 올랐다. 돈을 거의 못 벌어서 _____ 없다. 그래서 장사를 계속해야 할지 말지 고민이 된다.

2. 대화를 완성해 보세요.

1) 가: 환경 오염의 심각성에 대한 다큐멘터리를 봤는데 빙하가 녹아서 북극곰이 살 곳이 사라지고 있대요.
   나: 맞아요. 환경을 보호하기 위해 노력하지 않으면 조금 남아 있는 <u>빙하마저</u> 다 녹을지도 몰라요.

2) 가: 막내딸까지 시집보내고 나니까 기분이 어때요?
   나: 자식들을 다 결혼시키고 _____ 시집을 보내니까 마음이 좀 쓸쓸한 것 같아요.

3) 가: 수족관에 살던 고래 세 마리 중에 두 마리가 죽었다는 기사를 봤어요?
   나: 네. 그 기사를 보니까 _____ 죽을까 봐 걱정이 되더라고요.

4) 가: 나 이번 달 생활비가 모자라는데 돈 좀 빌려줄 수 있어?
   나: 미안해. 나도 다음 학기 등록금 내느라 아르바이트해서 모은 돈뿐만 아니라 급한 일이 있을 때 쓰려고 모아 둔 _____ 다 써 버렸어.

5) 가: 설 연휴라서 그런지 식당들이 모두 문을 닫은 것 같아요.
   나: 맞아요. 집 근처 식당들이 문을 닫아서 편의점에 갔는데 _____ 문을 닫았더라고요.

6) 가: 취직 준비를 열심히 해도 좋은 일자리를 찾기가 어려운 것 같아요.
   나: 요즘 경기가 안 좋아서 대기업뿐만 아니라 중소기업에서도 사람을 안 뽑는대요. 그래서 인턴 자리를 구하고 있는데 _____ 찾기가 어려워요.

3. 다음 상황에 맞게 친구와 이야기해 보세요.

- 회사 일 때문에 너무 바쁘다. 아침도 못 먹었는데 점심도 못 먹을 것 같다.
- 도움이 필요한데 반 친구들이 부탁을 거절했다. 나와 제일 친한 친구도 내 부탁을 안 들어줄 것 같다.
- 오랫동안 장을 보지 않아서 먹을 것이 하나씩 떨어지고 있다. 라면도 없을 것 같다.
- 요즘 물가가 많이 올랐다. 등록금도 오르고 월세도 올랐는데 교통비도 오를 것 같다.

회사 일 때문에 너무 바빠요. 아침도 못 먹었는데 점심 먹을 시간마저 없을 것 같아요.

북극곰 polar bear   빙하 glacier   쓸쓸하다 to feel lonely

17 과학과 생활 Science & Life

17-1 일상생활 속 과학

17-2 과학 지식의 활용

17-1	어휘	과학에 대한 태도, 유전
	문법과 표현	동-고도
		명이 아니라, 동-는 게 아니라, 형-은 게 아니라, 명인 게 아니라
17-2	어휘	생활 속 과학, '-력'
	문법과 표현	명뿐이다, 동형-을 뿐이다, 명일 뿐이다
		동-는다는 명, 형-다는 명, 명이라는 명

어휘 Vocabulary

1. 알맞은 말을 골라서 대화를 완성해 보세요.

> 원리가 궁금하다   흥미롭다   호기심이 생기다
> 흥미가 없다   골치가 아프다   질색이다

1) 가: 이것 좀 봐. 정말 신기하지 않아? 텔레비전 화면을 접을 수도 있고 말 수도 있대. 어떻게 이렇게 되는 건지 원리가 궁금해 .
   나: 그런 물건을 사용하는 건 좋은데 원리를 생각하는 건 딱 질색이야 . 그냥 편하게 쓰면 되지 머리 아프게 원리까지 생각할 필요 있어?

2) 가: 민우야. 너 수학 잘해? 이 문제 좀 풀어 볼래?
   나: 수학이라고? 난 수학은 자신 없어. 수학 문제만 봐도 _____ .

3) 가: 손에 지금 들고 있는 게 뭐야? 게임기야?
   나: 아니. 이거 드론이야. 요즘 드론 기술이 정말 많이 발달했잖아. 나도 텔레비전에서 드론을 소개하는 뉴스를 보고 _____ 하나 샀어.

4) 가: 다음 주에 테오 생일인데 뭘 선물하면 좋을까? 유명한 아이돌의 콘서트 표를 사 줄까?
   나: 글쎄. 테오가 케이팝에는 별로 _____ 했어. 그냥 뭐가 필요한지 물어보는 건 어때?

노래 듣는 건 재미없어.

5) 가: 어제 인간이 달에 가는 영화를 봤는데 정말 신기하고 재미있었어. 어떻게 인간이 달에 갈 수 있지?
   나: 맞아. 우주에 대한 이야기는 정말 _____ 것 같아.

 드론 drone

2. 알맞은 말을 골라서 글을 완성해 보세요.

유전되다   유전적 특징이 나타나다   유전자를 찾아내다
유전자가 전달되다   (유전자를 물려받다)

유전자

우리는 조상에게 집이나 물건 같은 재산도 물려받지만 눈에 보이지 않는 1) __유전자도 물려받는다__. 유전자에는 얼굴 모양, 눈 색깔, 피부색 등과 같은 신체적인 특징에 관한 정보뿐만 아니라 성격, 재능과 같은 정보도 포함되어 있다. 그래서 자식에게는 부모와 비슷한 2) _____ 것이다. 지금은 유전자에 대한 연구가 많이 진행되어서 어떻게 부모에게서 자식에게 3) _____ 알게 되었다. 또한 암 같은 병도 4) _____ 수 있는데 병을 일으키는 5) _____ 치료 방법이나 예방법을 찾는 데 도움이 된다고 한다.

3. 친구와 이야기해 보세요.

- 생각만 해도 골치가 아프거나 질색인 일이 있습니까?
- 최근에 흥미롭게 본 영화, 소설이나 드라마가 있습니까?
- 별자리나 혈액형 등에 따라서 성격이 달라진다고 생각합니까?

저는 식당 앞에서 기다리는 게 정말 질색이에요. 맛집에 가면 줄 서는 게 당연하다고 생각하는 사람들도 있는데 저는 제 돈을 내고 음식을 먹는 데 30분, 한 시간씩 기다리는 걸 이해할 수가 없어요. 그래서 저는 맛집에 가고 싶을 때는 사람이 없는 시간에 가는 편이에요.

별자리 zodiac sign   **혈액형** blood type

문법과 표현 1 동-고도

1. **대화를 완성해 보세요.**

   1) 가: 뉴스를 봤는데 경제가 좋지 않아서 대학 졸업생들이 취업하기 힘들대요.
      나: 예전에는 대학만 졸업하면 취업은 걱정 없었는데 요즘은 대학을 ___졸업하고도___ 취업을 못하는 사람들이 많은가 보네요.

   2) 가: 안나 씨, 한국대 대학원에 진학하게 됐다면서요? 시험에 떨어질까 봐 걱정하더니 정말 잘 됐어요.
      나: 고마워요. 저도 꿈만 같아요. 대학원 합격자 명단에 있는 제 이름을 _____ 믿을 수가 없었다니까요.

   3) 가: 나나 씨는 오늘도 늦네요. 지난번 회의 때도 늦게 와서 다음에는 늦지 않겠다고 약속을 하더니….
      나: 전 _____ 약속을 지키려는 노력을 하지 않는 사람과는 같이 일하고 싶지 않아요. 기다리지 말고 먼저 시작하죠.

   4) 가: 나 아무래도 병원에 가야 할 것 같아. 어제 저녁에 마신 우유가 상했는지 배탈이 났어.
      나: 그 우유 나도 마셨잖아. 나는 두 잔이나 _____ 멀쩡했는데…. 혹시 다른 음식 때문에 배탈 난 거 아닐까?

   5) 가: 돈이 많다고 다 행복한 건 아닌가 봐요.
      나: 저도 그렇게 생각해요. 우정이나 사랑처럼 돈을 _____ 살 수 없는 것들이 있으니까요.

명단 roster

2. 대화를 완성해 보세요.

1) 가: 오늘 중요한 회의가 있다고 했잖아. 출근 안 해?
   나: 응. 집에서 컴퓨터로 화상 회의를 하기로 했어. 요즘은 한 장소에 <u>모이지 않고도</u> 회의를 할 수 있어서 편한 것 같아.

2) 가: 한 조사에 의하면 예전에 비해서 결혼을 해야 한다고 생각하는 사람들이 점점 줄고 있대.
   나: 예전과 달리 결혼은 선택의 문제라고 생각하는 사람들이 많아진 것 같아. 요즘은 _____ 행복하게 사는 사람들이 많더라고.

3) 가: 줄임말을 많이 사용하는 것에 대해서 어떻게 생각해요?
   나: 줄임말을 지나치게 사용하는 것은 문제라고 봐요. 줄임말을 _____ 의사소통을 잘할 수 있는데 재미있다는 이유로 마구 사용하다 보면 언어가 파괴될 수 있어요.

4) 가: 어제 텔레비전에서 해외 여행지를 소개하는 프로그램을 봤는데 여행지의 여기저기를 잘 보여 줘서 여행하는 느낌이 들더라고요.
   나: 저도 봤어요. 직접 여행을 _____ 세계 여러 나라를 돌아볼 수 있어서 정말 좋았어요.

5) 가: 이번 휴가 때 설악산에 가려고 하는데 설악산이 많이 높다고 해서 올라갈지 말지 고민 중이에요.
   나: 그곳에 가면 케이블카가 있어요. 케이블카를 타면 많이 _____ 산 정상까지 올라갈 수 있어서 구경하기가 좋아요.

3. 친구와 이야기해 보세요.

- 열심히 노력했지만 원하는 결과를 얻지 못한 적이 있습니까?
- 어떤 물건이 필요해서 샀는데 사용하지 않은 적이 있습니까?
- 익숙해져서 특별한 노력이나 방법 없이 할 수 있게 된 일은 무엇입니까?

> 요즘 밤에 잠이 계속 안 와서 여러 가지 방법을 다 시도해 봤어요. 낮에 운동도 많이 하고 자기 전에 따뜻한 우유도 마셔 봤어요. 이런 걸 다 하고도 잠을 잘 수 없어서 정말 괴로웠어요.

문법과 표현 ❷   명이 아니라, 동-는 게 아니라, 형-은 게 아니라
명인 게 아니라

1. 그림을 보고 대화를 완성해 보세요.

1)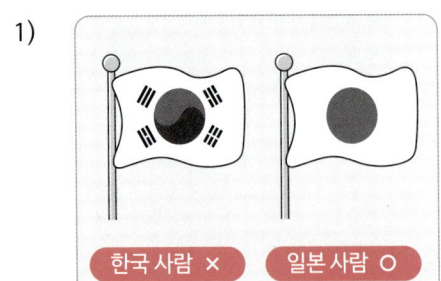

가: 하이 씨 룸메이트는 한국 사람이에요? 아까 하이 씨와 이야기하는 걸 들으니까 한국 사람 같던데요.
나: <u>한국 사람이 아니라 일본 사람이에요</u>. 제 룸메이트가 한국어를 너무 잘해서 가끔 사람들이 한국 사람으로 착각을 하더라고요.

2)

가: 세탁실에 세탁기가 두 대나 있네? 왜 세탁기를 두 대나 사용해?
나: 하나는 _____.

3)

가: 지금 김치찌개에 넣은 양념이 소금인가요?
나: 아니요. _____.
김치가 너무 시었을 때 설탕을 조금 넣으면 김치의 신맛을 줄일 수 있거든요.

4)

가: 그거 내가 버린 페트병인데 왜 주워서 라벨을 떼고 있어?
나: 깨끗하게 분리해서 배출한 페트병은 _____
_____. 환경을 보호하려면 이 정도는 해야지.

5)

가: 수족관에서 멸종 위기 동물을 보호하는 것에 대해서 어떻게 생각하세요?
나: 저는 수족관은 큰 바다 동물을 _____
_____ 생각해요. 좁은 공간에서 스트레스를 받은 바다 동물들이 죽는 경우가 많거든요.

2. 주어진 표현을 사용해서 대화를 완성해 보세요.

1) 가: 너 왜 토픽 시험 신청 안 했어?
   나: <u>안 한 게 아니라 못 한 거야</u>. 신청자가 많아서 벌써 마감됐더라고. (안 했다 ×, 못 했다 ○)

2) 가: 방송에서 훈련을 통해서 개의 공격성이 줄어드는 것을 봤는데 정말 놀랍더라고요.
   나: 전문가들에 의하면 공격성은 _____ 하더라고요. 사람들이 어떻게 하느냐에 따라서 개의 행동도 달라진대요. (타고난다 ×, 만들어진다 ○)

3) 가: 주인 아저씨가 내 방이랑 네 방 크기가 같다고 했는데 왜 네 방이 훨씬 넓지?
   나: 내 _____ 그렇게 보이는 거야. (방이 넓다 ×, 가구가 없다 ○)

4) 가: 텔레비전 켜 놓고 거실에서 자지 말고 방에 들어가서 자는 게 어때?
   나: _____. 소리는 다 듣고 있다고. (잔다 ×, 눈만 감고 있다 ○)

5) 가: 읽기 시험이 너무 어려워서 잘 못 봤어.
   나: 다른 친구들은 다 쉬워서 잘 봤다고 하던데? _____?
   (시험이 어렵다 ×, 공부를 안 했다 ○)

3. 대화를 완성해 보세요.

1) 가: 목걸이 새로 샀어요? 예쁘네요.
   나: <u>산 게 아니라</u> 제가 만든 거예요. 제가 이런 거 만드는 게 취미거든요.

2) 가: 청바지가 좀 줄어든 것 같은데? 빨래를 잘못한 거 아냐?
   나: _____ 내가 살이 찐 거야. 요즘 야식을 좀 자주 먹었거든.

3) 가: 이거 내가 여행 다녀오면서 사다 준 초콜릿 아니야? 아직도 그대로 있네? 왜 안 먹었어?
   나: _____ 아까워서 못 먹은 거야.

4) 가: 민수 씨 집에 갔어요? 오늘 수업 끝나고 다 같이 토의 시험 준비하기로 했는데.
   나: _____ 화장실에 갔어요. 금방 온다고 했으니까 먼저 시작할까요?

5) 가: 너 파마했어? 머리가 구불구불한데.
   나: 아니야. _____ 태어날 때부터 그랬어.
   오늘은 비가 와서 평소보다 더 구불거리네.

구불구불하다 to be wavy   구불거리다 to be curly

어휘 Vocabulary

1. 알맞은 말을 골라서 대화를 완성해 보세요.

> 과학 용어   실생활에 활용되다/활용하다   현상을 이해하다
> 새로운 사실을 발견하다   쉽게 접하다/접하지 못하다

1) 가: 어, 이건 미술관에서 본 그림인데 우산에 그려져 있네요.
   나: 이것뿐만 아니라 예술 작품을 __실생활에 활용한__ 예가 많이 있어요.

2) 가: 과학자들에 의하면 화성에도 물이 있다고 하던데 직접 가 보지 않고 어떻게 알았을까요?
   나: 화성에 로봇을 보냈는데 그 로봇 덕분에 그동안 모르고 있었던 _____.

3) 가: 다도 체험은 처음이지요? 어땠어요?
   나: 일상생활에서 _____ 수 없는 한국의 전통문화를 체험하게 되어서 흥미로웠어요.

4) 가: 요즘 환경 문제와 관련해서 이산화탄소라는 말을 자주 듣는 것 같아요.
   나: 네. 이산화탄소는 일상생활에서 자주 사용하는 _____.

5) 가: 컵에 차가운 음료수를 담았더니 물방울이 생겼어요.
   나: 공기 중에 있던 물이 차가운 컵에 닿아서 물방울이 생긴 거예요. 습도가 높은 날에 물방울이 잘 생겨요.
   가: 어떻게 알았어요?
   나: 고등학교 때 배운 거예요. 학교 다닐 때는 몰랐는데 우리 주변에서 일어나는 여러 _____ 데에 도움이 되더라고요.

화성 Mars   물방울 waterdrop

2. 어울리는 표현을 찾아서 연결해 보세요.

1) 사람들은 두 개의 그림이 다르다고 하는데 제가 볼 때는 똑같은 것 같아요. 도대체 뭐가 다르다는 거지요? • • 마찰력이 작아지다

2) 보통 흙길이나 도로를 걸을 때는 잘 넘어지지 않는데 눈이 와서 미끄러운 길 위나 얼음 위에서는 쉽게 넘어져요. • • 전기력이 생기다

3) 우리 아버지는 10년 전에 있었던 일도 자세하게 알고 계셔서 예전 일이 생각이 안 날 때는 아버지한테 여쭤봐요. • • 관찰력이 부족하다

4) 다섯 번이나 설명을 들었는데도 무슨 이야기인지 잘 모르겠어요. 답답해서 죽겠어요. • • 표현력이 뛰어나다

5) 스웨터를 입었는데 머리카락이 옷에 붙어서 잘 떨어지지 않아요. 따끔거릴 때도 있어요. • • 이해력이 떨어지다

6) 영화에 나온 배우의 표정을 보니까 말을 하지 않았는데도 어떤 감정인지 그대로 느껴졌어요. • • 기억력이 좋다

흙길 dirt road   따끔거리다 to sting

3. 친구와 이야기해 보세요.

- 학교에서 배운 지식을 실생활에 활용해 본 적이 있습니까?
- 여러분 나라에서는 별로 없었는데 한국에 와서 쉽게 접할 수 있게 된 것은 무엇입니까?
- 기억력, 표현력, 관찰력, 이해력 중에서 자신이 뛰어나거나 부족하다고 생각하는 것에 대해 이야기해 보세요.

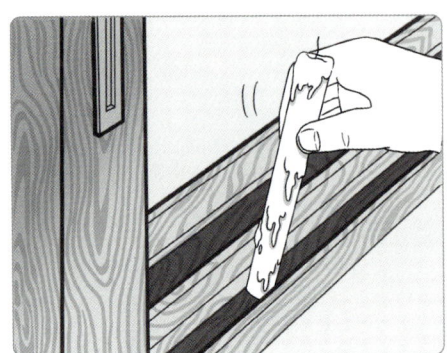

나무로 된 문이 잘 닫히지 않을 때 왁스나 초를 문에 바르면 부드럽게 잘 닫히는데 이건 마찰력이 줄어들어서 그런 거예요.

왁스 wax   초 candle

문법과 표현 ③ 명뿐이다, 동형-을 뿐이다, 명일 뿐이다

1. 그림을 보고 대화를 완성해 보세요.

1)
가: 왜 이렇게 집중을 못해요? 무슨 일 있어요?
나: 새 게임을 시작했거든요. 너무 재미있어서 하루 종일 <u>게임 생각뿐이에요</u>.

2)
가: 여행 가서 차를 빌리면 좋을 것 같은데…. 누가 운전을 할 수 있지?
나: 뭘 고민해? 우리 중에서 운전할 수 있는 사람은 _____.

3)
가: 지수 씨, 부모님하고 같이 산다고 했지요? 저는 부모님하고 같이 사는 친구들이 부러워요.
나: 글쎄요. 부모님이 아주 바쁘셔서 서로 얼굴을 볼 수 있는 시간은 _____.

4)
가: 와, 판다를 실제로 보는 건 처음이에요. 이 동물원에 오기를 잘한 것 같아요.
나: 네. 한국에서 판다를 볼 수 있는 곳은 _____.

5)
가: 같이 영화 보러 갈래? 새로 개봉한 영화가 아주 재미있대.
나: 난 못 갈 것 같아. 생활비가 다 떨어져서 지금 지갑에 있는 돈은 _____.

17-2. 과학 지식의 활용 153

2. 주어진 표현을 사용해서 대화를 완성해 보세요.

1) 가: 민수 씨가 저를 싫어하나 봐요. 제가 뭘 물어봐도 '네', '아니요'로만 대답해요.
   나: 민수 씨는 친한 친구한테도 그래요. 수진 씨를 싫어하는 게 아니라 원래 <u>말수가 적을 뿐이니까</u> 너무 신경 쓰지 마세요. (말수가 적다)

2) 가: 학과 선배한테 반말을 했더니 선배가 화를 냈어요. 나보다 _____ 존댓말을 써야 하는 거예요? (한 살 많다)
   나: 한 살 차이가 나더라도 친해지기 전에는 존댓말을 쓰는 게 좋아요. 나중에 친해지면 반말을 해도 되냐고 물어보세요.

3) 가: 크리스 씨, 얼굴이 왜 이렇게 빨개요? 어디 아픈 거 아니에요?
   나: 별거 아니에요. _____ 약을 먹고 쉬면 열도 떨어지고 금방 괜찮아질 거예요. (열이 조금 나다)

4) 가: 새로 들어온 신입 사원은 일을 할 때마다 실수를 해요. 능력이 없는 사람을 뽑은 것 같아요.
   나: 일을 처음 해 봐서 그래요. 능력이 없는 게 아니라 아직 _____ 옆에서 잘 가르쳐 주세요. (일이 익숙하지 않다)

5) 가: 나나 씨하고 이야기하면 고민이 해결되는 것 같아요. 다른 친구들도 나나 씨한테 자주 조언을 얻었다고 하더라고요.
   나: 저는 친구들의 이야기를 _____. 자기 고민을 이야기하다 보면 스스로 해결 방법을 찾을 수 있는 경우가 많거든요. (들어 주다)

3. 알맞은 말을 골라서 대화를 완성해 보세요.

> 이름이 바뀌다   한 번 빨다   멍이 들다
> 같이 커피를 마시다   해야 할 일을 하다

1) 가: 너랑 민우 씨랑 사귄다고 소문이 났어. 나한테 말도 안 하고 언제부터 사귄 거야?
   나: 무슨 소리야? __같이 커피를 마셨을 뿐인데__ 왜 그런 소문이 났는지 이해할 수가 없어.

2) 가: 옷이 좀 작은 거 아니에요? 불편해 보여요.
   나: 얼마 전에 새로 산 옷이에요. _____ 옷이 이렇게 줄어들었어요. 아까워서 그냥 입고 다니려고요.

3) 가: 교통사고 났다면서요? 괜찮아요?
   나: 네. 차에 살짝 부딪혔어요. 크게 다친 곳은 없고 _____ 걱정 안 하셔도 돼요.

4) 가: 이 휴대폰 되게 멋있지 않아? 이번에 새로 나온 거래.
   나: 글쎄. _____ 전에 본 휴대폰이랑 디자인도 비슷하고 크기도 별로 차이가 나지 않는 것 같은데….

5) 가: 불이 난 건물에서 다섯 명을 구한 시민을 만나 보겠습니다. 정말 대단한 일을 하셨습니다. 어떻게 그런 용기를 내셨습니까?
   나: 제가 특별히 용기를 내거나 대단한 일을 했다고 생각하지 않습니다. 다른 사람들도 이런 상황을 보면 사람들을 구했을 겁니다. 저는 _____.

4. 친구와 이야기해 보세요.

한국에서만 할 수 있는 특별한 경험   우리 나라에만 있는 동물/식물

운동/악기 연주 등 나만 할 수 있는 것   우리 고향에만 있는 유적지

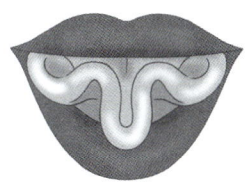

> 저는 혀를 w자처럼 말 수 있어요.
> 우리 반에서 이걸 할 수 있는 건 저뿐이에요.

문법과 표현 4: 동-는다는 명, 형-다는 명, 명이라는 명

1. 그림을 보고 문장을 완성해 보세요.

1)

이 사람은 <u>세종대왕이라는 조선 시대의 왕입니다</u>. 신하들과 함께 한글을 만들었습니다.

2)

이것은 _____. 예전에는 왕이나 양반들이 먹던 음식인데 요즘에는 한정식집에서 먹을 수 있습니다.

3)

이 꽃은 한국을 대표하는 _____. 여름에 흔히 볼 수 있습니다.

4)

이곳은 _____. 한국에서 제일 크고 인기가 많은 섬입니다.

5)

이것은 _____. 한국 전통 음악인 사물놀이에서 사용합니다.

6)

_____ 한국의 대표적인 무술로 어른뿐만 아니라 아이들도 쉽게 즐길 수 있다는 장점이 있습니다.

2. 바르게 연결하고 대화를 완성해 보세요.

1) "셀프 서비스" • • 음식의 온도가 시원한 게 아니라 몸의 느낌이 시원하다
2) "한번 생각해 볼게" • • 사람마다 다를 수 있지만 보통은 하고 싶지 않다
3) "세 살 버릇 여든까지 간다" • • 손님이 직접 물이나 반찬을 가져와야 하다
4) "시원하다" • • 습관은 바꾸기 어렵기 때문에 어렸을 때부터 좋은 습관을 길러야 하다

1) 가: 한국 식당에 '셀프 서비스'라고 쓰여 있던데 무슨 뜻이에요?
   나: <u>손님이 직접 물이나 반찬을 가져와야 한다는</u> 뜻이에요. 그런 식당에서는 자기가 직접 물 같은 것을 가져와야 해요.

2) 가: 한국 친구에게 부탁을 했는데 '한번 생각해 볼게'라고 말하고 며칠이 지나도 대답을 안 해줘.
   나: 그 말은 _____ 의미로 쓰이는 경우가 많은 것 같아.

3) 가: '세 살 버릇 여든까지 간다'는 속담은 무슨 뜻이에요?
   나: _____ 뜻이에요.

4) 가: 한국 사람들이 뜨거운 음식을 먹고 '시원하다'라고 하는데 왜 그래요?
   나: _____ 뜻이에요. 저도 어렸을 때는 음식이 뜨거운데 왜 시원하다는 말을 하는지 몰랐는데 이제는 좀 알겠어요.

3. 친구와 이야기해 보세요.

- 여행을 가려는 친구에게 음식이나 장소를 추천해 보세요.
- 인상적이었던 축제나 공연을 친구에게 추천해 보세요.
- 재미있게 읽었던 책이나 영화를 친구에게 추천해 보세요.

> 제 고향 제주도에는 성산일출봉이라는 곳이 있는데 일출이 유명한 장소입니다. 또 제주도는 섬이기 때문에 어디에 가든 바다를 볼 수 있습니다. 그리고 제주도에 가면 해산물은 물론이고 제주 흑돼지 오겹살도 꼭 드셔 보시기를 추천합니다.

18 잊지 못할 인연
Unforgettable Connections

- **18-1** 소중한 인연
- **18-2** 추억

	어휘	인연과 만남, 변화
18-1	문법과 표현	동형-었더라면, 명이었더라면
		동형-기는(요)

	어휘	추억과 기억, '-받다'
18-2	문법과 표현	동형-었었-, 명이었었-
		동-곤 하다

어휘 Vocabulary

1. **알맞은 말을 골라서 대화를 완성해 보세요.**

   > 인연이 되다   (우연히 만나다)   점점 멀어지다
   > 세상 참 좁다   손꼽아 기다리다

   1) 가: 제니 씨, 어떻게 닛쿤 씨랑 같이 와요? 둘이 만나서 같이 오기로 약속했어요?
      나: 아니요. 버스 안에서 우연히 만났어요 .

   2) 가: 대학원 합격자 발표가 언제라고 했지요?
      나: 일주일 후예요. 이번에 대학원에 꼭 합격하고 싶어요. 매일매일 달력을 보면서 합격자 발표 날을 _____ 있어요.

   3) 가: 엥흐 씨, 유진 씨랑 어떻게 알게 되었어요?
      나: 유진 씨가 버스에서 지갑을 떨어뜨렸는데 제가 지갑을 찾아 준 적이 있어요. 그 일이 _____ 서로 친하게 지내게 되었어요.

   4) 가: 안녕하십니까? 이번에 동아리에 가입하게 된 신입생 다니엘입니다.
      나: 다니엘 씨, 우리 학교에 입학한 거예요? _____. 여기서 만나게 될 줄 몰랐어요.
      가: 안나 씨, 이게 얼마 만이에요? 그동안 잘 지냈어요?

   5) 가: 대학교 때 친구들하고 자주 연락해요?
      나: 처음에는 자주 연락도 하고 만나기도 했는데 서로 바쁘게 지내다 보니까 _____ 되더라고요. 요즘엔 거의 연락을 안 해요.

2. 알맞은 말을 골라서 대화를 완성해 보세요.

> ⭕몰라보게 달라지다　　　　⭕못 알아볼 정도로 변하다
>
> 하나도 안 변하다　　　　예전 그대로이다　　　　예전만 못하다

친구1: 혹시 서울중학교 다니지 않으셨어요?
친구2: 네, 그런데요. 어, 1학년 3반 김수진?
친구1: 맞아, 나야. 너 1) <u>몰라보게 달라졌다/못 알아볼 정도로 변했다</u>. 키도 많이 크고, 머리 스타일도 달라지고…. 네가 맞는지 확실하지 않아서 한참 봤다니까.
친구2: 그래? 중학교 때보다 키가 많이 크기는 했어. 너는 얼굴도 똑같고, 2) _____. 예전에도 사교적인 성격이라서 처음 만난 사람하고도 잘 이야기하고 그랬잖아.
친구1: 내가 뭘…. 너야말로 중학생 때 노래도 잘하고 춤도 잘 춰서 인기 많았잖아. 지금도 노래 자주 해?
친구2: 아니. 그땐 노래하는 게 너무 좋았는데 지금은 3) _____. 요즘엔 노래보다는 요리에 관심이 생겨서 요리사가 되려고 준비하고 있어.
친구1: 그렇구나. 바쁘지 않으면 차 한잔 할래? 우리 예전에 자주 가던 떡볶이집 있잖아. 아직도 있어. 주인아주머니가 계속 장사해서 떡볶이 맛도 4) _____.
친구2: 그래? 말만 들어도 입에 침이 고이는데. 한번 가 볼까?

3. 친구와 이야기해 보세요.

- 세상이 좁다고 생각한 적이 있었습니까?
- 어렸을 때 손꼽아 기다렸던 날은 언제였습니까?
- 10년 전과 비교했을 때 여러분은 변한 것이 많습니까?
- 여러분 고향에서 몰라볼 정도로 변한 장소가 있습니까?

> 저는 고등학교를 졸업한 후에 다른 지역에 있는 대학교에 진학해서 고등학교 때 친구들과 멀어졌고 연락도 끊겼어요. 어느 날 대학교 앞의 편의점에서 아르바이트를 하는데 고등학교 때 친구가 손님으로 와서 우연히 만나게 되었어요. 그때 세상이 참 좁다고 느꼈어요.

입에 침이 고이다 to be mouthwatering

문법과 표현 1   동형-었더라면, 명이었더라면

1. 대화를 완성해 보세요.

1) 가: 강원도에 갔다 왔다면서? 일출은 봤어?
   나: 아니. 날씨가 흐려서 못 봤어. 날씨가 조금만 더 <u>좋았더라면</u> 일출을 볼 수 있었을 거야.

2) 가: 우리가 보려던 영화표는 방금 전에 다 매진됐대.
   나: 아, 아깝다. 10분만 일찍 _____ 영화를 볼 수 있었을 텐데.

3) 가: 네가 지난주에 산 가방 있잖아. 오늘부터 할인한대.
   나: 뭐라고? 조금만 _____ 싸게 살 수 있었을 텐데.

4) 가: 이가 아프다더니 치과에는 다녀왔어?
   나: 어제 다녀왔는데 충치가 많이 생겼대. 조금 아플 때 치과에 _____
   지금처럼 많이 고생하지는 않았을 거야.

5) 가: 너 이틀 뒤에 면접 본다고 하지 않았어? 얼굴에 뭐가 많이 났는데?
   나: 요즘 면접 때문에 스트레스를 받아서 초콜릿을 많이 먹었더니 그런가 봐.
   단 음식을 조금 덜 _____ 이런 게 안 났을 텐데.

6) 가: 다니엘이랑 아직도 화해 안 했어? 둘이 싸운 지 한참 됐잖아.
   나: 응. 다니엘이 먼저 사과했는데 내가 안 받아 줬거든. 그때 _____
   이렇게까지 사이가 나빠지지 않았을 거야.

2. 대화를 완성해 보세요.

1) 가: 여행 잘 갔다 왔어? 내가 알려준 곳도 다 가 봤어?
   나: 응, 정말 좋더라. 너한테 <u>물어보지 않았더라면</u> 그런 곳이 있는 줄도 몰랐을 거야.

2) 가: 빨리 와서 기다리지 않고 먹을 수 있겠다.
   나: 그러게. 문 열기 전부터 사람들이 이렇게 줄을 서 있을지 몰랐어. 조금만 늦게 _____ 우리도 한참 기다릴 뻔했네.

3) 가: 시험에 합격했다며? 정말 축하해.
   나: 고마워. 경쟁률이 높아서 걱정 많이 했는데 진짜 운이 좋았어. 점수가 조금만 _____ 떨어졌을지도 몰라.

4) 가: 역에 잘 도착했어요? 기차 아직 출발 안 했지요?
   나: 네. 방금 탔어요. 길이 너무 막혀서 조금만 늦게 _____ 기차를 못 탈 뻔했어요.

5) 가: 내가 추천해 준 영화 재미있었어?
   나: 어. 별로 기대를 안 하고 봤는데 정말 재미있었어. 내가 본 영화 중에 세 손가락 안에 들 정도야. 그 영화를 _____ 후회했을 것 같아.

6) 가: 다행이다. 공이 아슬아슬하게 골키퍼 손에 걸려서 안 들어갔네.
   나: 그러니까. 골키퍼 팔이 조금만 _____ 공을 막지 못했을 거야.

3. 친구와 이야기해 보세요.

- 한국에 와서 잘했다고 생각한 적이 있습니까? 한국에 와서 하지 못한 일은 무엇입니까?
- 한국어를 공부해서 다행이라고 생각하거나 후회한 적이 있습니까?
- 어떤 사람을 만나서 다행이라고 생각하거나 후회한 적이 있습니까?

> 제가 한국에 온 지 한 달 만에 제 할머니가 갑자기 돌아가셨습니다. 한국에 오지 않았더라면 할머니를 만났을 텐데 그러지 못해서 아쉽습니다.

세 손가락 안에 들다 to be in the top three

문법과 표현 2 동형 -기는(요)

1. 대화를 완성해 보세요.

1) 가: 이번 주가 시험인데 주말에 공부 많이 했어?
   나: 많이 하기는 . 주말에 고향에서 친구가 와서 구경시켜 주느라 하나도 못 했어.

2) 가: 주말에 이사하지? 짐은 다 쌌어?
   나: _____. 요즘 너무 바빠서 아직 시작도 못 했어.

3) 가: 회사 들어가니까 어때요? 적응하느라 힘들지 않아요?
   나: _____. 선배들이 잘 가르쳐 주고 도와줘서 일을 잘 배우고 있어요.

4) 가: 발표 준비는 다 끝났어?
   나: _____. 일주일밖에 안 남았는데 아직 뭘 할지도 못 정했어.

5) 가: 대학교에 들어가니까 새로운 친구들도 많이 만나고 좋지요?
   나: _____. 대학교에 들어오자마자 시험이며 과제며 할 일이 너무 많아서 정신이 없어요.

6) 가: 오늘 경기 어떻게 됐어요? 우리 팀이 이겼어요?
   나: _____. 처음부터 실점을 하더니 결국에는 0:5로 졌어요.

2. 대화를 완성해 보세요.

1) 가: 이번 축제에서 춤 대회도 있다는데 미선 씨도 나가 보는 게 어때요? 춤 잘 추잖아요.
   나: 잘 추기는요 . 그냥 좋아하는 거지 대회에 나갈 수준은 아니에요.

2) 가: 한국에 오래 사셨나 봐요. 한국어를 왜 이렇게 잘하세요?
   나: _____. 아직도 말할 때마다 긴장돼요.

3) 가: 오늘 발표 정말 잘했어요. 발음이 한국 사람처럼 정말 좋던데요.
   나: _____. 실수를 많이 해서 너무 부끄러웠는걸요.

4) 가: 이 사진 속에 보이는 방이 하이 씨 방이에요? 정말 깨끗하네요.
   나: _____. 얼마 전에 이사했는데 정리를 아직 못했어요.

5) 가: 지수 씨도 바쁠 텐데 도와줘서 고마워요.
   나: _____. 지영 씨도 저 많이 도와주셨잖아요. 그거에 비하면 저는 도와드린 것도 아니죠.

6) 가: 괜찮아? 많이 아프지? 미안해.
   나: _____. 일부러 그런 것도 아닌데 뭐….

3. 친구를 칭찬하고 그 칭찬에 반응해 보세요.

안나 씨는 패션 감각이 뛰어난 것 같아요. 옷을 참 잘 입네요.

패션 감각이 뛰어나기는요. 옷에 관심이 많을 뿐이에요.

어휘 Vocabulary

1. 알맞은 말을 골라서 대화를 완성해 보세요.

> 기억이 생생하다   기억이 떠오르다   가슴속에 간직하다
> 세월이 쏜살같다   추억이 담겨 있다   처음 만난 게 엊그제 같다

1) 가: 이 사진 좀 봐. 이거 우리 전에 태국에 여행 가서 찍은 사진이지?
   나: 맞아. 여행 가서 참 재미있었는데…. 이걸 보니까 그때의 <u>기억이 떠오른다</u>.

2) 가: 우리가 대학교를 졸업한 지 벌써 10년이나 지났네. 시간이 정말 빨리 지나가지 않아?
   나: 맞아. 얼마 안 된 것 같은데 _____ 흘렀어.

3) 가: 벌써 테오 씨가 고향으로 돌아갈 때가 됐다는 게 믿어지지 않아요.
   나: 저도요. 우리가 _____ 벌써 2년이라는 시간이 흘렀더라고요.

4) 가: 하이 씨는 정말 다른 사람들을 잘 돕는 것 같아요.
   나: 네. 돌아가신 할머니가 어려운 사람들을 도우라고 하셨거든요. 저는 그 말씀을 _____ 항상 할머니 말씀대로 행동하려고 해요.

5) 가: 이 옷은 왜 아직도 안 버리고 가지고 있어? 많이 낡았잖아.
   나: 내가 대학에 다닐 때 처음 아르바이트 해서 산 옷이거든. 이 옷에는 그때의 _____ 버리지 못하겠어.

2. 알맞은 말을 골라서 대화를 완성해 보세요.

> 인정받다   평가받다   존경받다   소개받다   초대받다   오해받다

1) 가: 유진 씨, 이번에 회사에서 승진했다면서요? 축하해요.
   나: 고마워요. 저도 회사에서 능력을 <u>인정받은</u> 것 같아서 너무 기뻐요.

2) 가: 지금 여자 친구는 어떻게 만나게 된 거예요?
   나: 대학교 선배한테 _____ 만나게 됐어요. 그런데 알고 보니 제 고등학교 동창이더라고요.

3) 가: 한국 화장품의 수출이 계속 증가하고 있다는 뉴스를 봤어요. 해외에서 한국 화장품의 인기가 많은가 봐요.
   나: 저도 그런 기사를 본 적이 있어요. 한국 화장품이 해외에서 긍정적으로 _____ 있다더라고요.

4) 가: 어제 VIP 영화 시사회에 갔다 왔다면서? _____ 사람만 갈 수 있다고 들었는데 어떻게 갔어?
   나: 응. 우리 언니가 영화사에서 일하거든. 언니가 초대장을 줘서 갈 수 있었어.

5) 가: 나나 씨, 민우 씨와 사귀는 사이라는 소문이 있던데 사실이에요?
   나: 아니에요. 예전에도 _____ 적이 있는데 민우 씨와는 그냥 친한 친구 사이예요.

6) 가: 한국 사람들이 가장 존경하는 사람이 세종대왕이라면서요?
   나: 네. 세종대왕은 한글뿐만 아니라 백성들을 위한 좋은 제도를 많이 만들었기 때문에 한국 사람들에게 _____ 분이에요.

3. 친구와 이야기해 보세요.

- 한국에서의 경험 중 기억이 생생한 순간은 언제입니까? 왜 기억에 남습니까?
- 여러분의 실력이나 능력을 평가받거나 인정받은 적이 있습니까?
- 한국에 살면서 한국 친구를 소개받거나 한국 사람의 집에 초대받은 적이 있습니까?

한국에 와서 가장 기억에 남는 순간은 제가 좋아하는 케이팝 가수를 우연히 만난 것입니다. 주말에 커피가 마시고 싶어서 집에서 입던 옷을 그대로 입은 채로 집 근처 카페에 갔습니다. 커피를 주문하고 계산을 하려는데 지갑을 집에 두고 온 것이 생각났습니다. 너무 당황해서 그냥 나가려는데 제 뒤에 서 있던 남자가 제 것까지 같이 계산했습니다. 알고 보니 그 사람은 제가 제일 좋아하는 케이팝 가수였습니다. 그 가수는 커피도 사 주고 저와 사진도 찍어 주었습니다. 제가 고맙다고 인사를 하니 다음 공연에 꼭 와 달라고 말하고 그 자리를 떠났습니다. 저는 아직도 그날의 기억이 생생합니다.

백성 (old-terminology of) the people   제도 system

문법과 표현 3   동형-었었-, 명이었었-

1. 대화를 완성해 보세요.

1) 가: 햄버거 먹을래요?
   나: 글쎄요. 예전에는 햄버거를 자주 <u>먹었었는데</u> 요즘엔 건강을 생각해서 먹지 않아요.

2) 가: 닛쿤 씨, 아이돌 가수의 노래를 자주 들어요?
   나: 글쎄요. 전에는 자주 _____ 요즘에는 잘 안 들어요. 이젠 그 노래가 별로더라고요.

3) 가: 마리 씨, 이제 매운 음식을 잘 먹네요.
   나: 네. 처음 한국에 왔을 때는 매운 음식을 _____ 이제는 좋아하게 되었어요. 그동안 왜 싫어했는지 모르겠어요.

4) 가: 이번 크리스마스에 뭐 할 거예요? 친구들하고 같이 보내면 좋겠죠? 너무 기대되고 설레요.
   나: 글쎄요. 어렸을 때는 크리스마스를 손꼽아 _____ 이제는 크리스마스가 되어도 별로 신이 나지 않아요.

5) 가: 테오 씨가 고향으로 돌아간다고 하던데 선물을 준비하면 어떨까요?
   나: 다 같이 편지를 써서 주면 좋을 것 같아요.
   가: 편지요? 좋은 생각이에요. 전에는 친구들한테 편지를 자주 _____ 요즘에는 이메일을 보내잖아요. 예쁜 편지지에 편지를 써서 주면 특별한 선물이 되겠어요.

2. 대화를 완성해 보세요.

   1) 가: 크리스 씨, 이 사진에 있는 아이가 크리스 씨예요? 몰라보게 달라졌네요.
      나: 네, 맞아요. 어렸을 때는 <u>키가 작았었는데</u> 고등학교 때 많이 컸어요.

   2) 가: 두 달 전에는 이 식당에 사람이 _____ 오늘은 별로 없네요?
      나: 날씨가 많이 더워져서 그런 거 아닐까요? 아무래도 설렁탕은 날씨가 추울 때 많이 먹잖아요.

   3) 가: 새로 산 신발이 불편하다더니 이제 괜찮아졌나 봐요. 요즘 자주 신네요.
      나: 네. 처음에는 _____ 몇 번 신다 보니까 편해졌어요.

   4) 가: 이 개가 엥흐 씨가 키우는 개예요? 전에 보여 준 사진하고 다른데요?
      나: 그건 강아지가 처음 우리 집에 왔을 때 찍은 사진이었어요. 그때는 털도 많고 _____
      이제는 나이가 들어서 예전만 못해요. 그래도 제 눈에는 사랑스러워 보여요.

   5) 가: 오늘 비 온다고 했어요? 왜 갑자기 주변이 어두워졌지요?
      나: 그러게요. 아침까지만 해도 하늘이 _____ 갑자기 흐려졌네요. 비 온다는
      얘기는 못 들었는데….

   6) 가: 민우 씨랑 유진 씨가 서로 말을 안 한 지 1년쯤 된 것 같아요.
      나: 둘이 친한 _____ 왜 그렇게 된 거예요?
      가: 사소한 오해 때문에 사이가 멀어졌대요.

3. 친구와 이야기해 보세요.

   | 어렸을 때의 성격과 지금의 성격 | 전과 달리 좋아하게 된 일 |
   | 고향에 있을 때 자주 가던 장소 | 어렸을 때 자주 듣던 음악 |

   저는 어렸을 때는 다른 사람 앞에서 노래하거나 춤추는 걸 좋아했었는데 지금은 다른 사람 앞에 나서는 걸 부끄러워하게 되었어요.

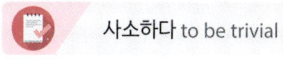 사소하다 to be trivial

문법과 표현 ④ 동-곤 하다

1. 그림을 보고 대화를 완성해 보세요.

1)

가: 주말에 보통 뭐 해요?
나: 친한 친구와 만나서 커피를 <u>마시곤 해요</u>.

2)

가: 한국 사람들이 비 오는 날 자주 먹는 음식이 있다면서요?
나: 네. 한국 사람들은 빗소리를 듣고 파전을 떠올린대요.
    저도 비가 오면 _____.

3)

가: 고향에 있는 가족과는 자주 연락 해요?
나: 네. 가족이 보고 싶거나 시간이 있을 때마다
    _____.

4)

가: 소날 씨는 게임을 정말 잘하네요. 게임을 자주 하는 편이에요?
나: 네. 게임을 정말 좋아해서 시간이 날 때마다
    _____.

5)

가: 지금 목이 아픈데 약을 먹는 게 좋을까요?
나: 저는 목이 아플 때 _____
    그러면 금방 좋아지더라고요.

2. 대화를 완성해 보세요.

1) 가: 닛쿤 씨, 가수 김빈 씨랑 닮은 것 같아요.
   나: 그런 얘기 몇 번 들은 적이 있어요.
   특히 예전에 머리가 길었을 때는 그 가수 같다는 말을 자주 듣곤 했었어요 .

2) 가: 어렸을 때의 추억이 있어요?
   나: 네. 어렸을 때 _____.

3) 가: 아야나 씨는 단어도 많이 알고 사용하는 단어의 수준도 높은 것 같아요.
   나: 지금은 많이 잊어버린 거예요. 예전에는 단어를 외우려고 _____.

4) 가: 유진 씨는 고등학생 때 시간이 있으면 뭐 했었어요?
   나: 고등학생 때는 _____.

5) 가: 어렸을 때 있었던 버릇 중에서 지금은 없어진 것이 있어요?
   나: 어렸을 때는 _____.

3. 친구와 이야기해 보세요.

- 속상할 때나 안 좋은 일이 생겼을 때 어떻게 하면 기분이 좋아집니까?
- 옛날 생각이 나거나 추억이 떠오를 때 무엇을 합니까?
- 여행을 갈 때마다 하는 일은 무엇입니까?

전 속상할 때나 기분이 안 좋을 때 큰 소리로 웃곤 합니다. 큰 소리로 웃으면 안 좋았던 기분이 나아지는 것 같기 때문입니다.

복습 6

말하기 Speaking

1. 어휘의 의미를 설명해 보세요.

16단원

외로움을 달래다 ☐	사회성을 키우다 ☐	가능성 ☐
집이 지저분해지다 ☐	관리가 힘들다 ☐	공격성 ☐
배설물을 치우다 ☐	심리적 안정감을 높이다 ☐	다양성 ☐
우울증을 예방하다 ☐		사회성 ☐
		필요성 ☐

멸종되다 ☐	번식시키다 ☐	먹이를 주다 ☐	사냥을 금지하다 ☐
훈련시키다 ☐	동물원에/수족관에 가두다 ☐	동물원/식물원을 만들다 ☐	서식지를 보호하다 ☐
서식하다 ☐			자연으로 돌려보내다 ☐

17단원

흥미롭다 ☐	흥미가 없다 ☐	유전되다 ☐	유전자를 물려받다 ☐
원리가 궁금하다 ☐	골치가 아프다 ☐	유전자가 전달되다 ☐	유전자를 찾아내다 ☐
호기심이 생기다 ☐	질색하다/질색이다 ☐	유전적 특징이 나타나다 ☐	

과학 용어 ☐	실생활에 활용되다/활용하다 ☐	전기력 ☐	표현력 ☐
현상을 이해하다 ☐	새로운 사실을 발견하다 ☐	마찰력 ☐	이해력 ☐
	쉽게 접하다/접하지 못하다 ☐	관찰력 ☐	기억력 ☐

18단원

인연이 되다/인연이다 ☐	세상이 참 좁다 ☐	몰라보게 달라지다 ☐	하나도 안 변하다 ☐
우연히 만나다 ☐	손꼽아 기다리다 ☐	못 알아볼 정도로 변하다 ☐	예전 그대로이다 ☐
점점 멀어지다 ☐			예전만 못하다 ☐

기억이 생생하다 ☐	추억이 담겨 있다 ☐	인정받다 ☐	소개받다 ☐
기억이 떠오르다 ☐	세월이 쏜살같다 ☐	존경받다 ☐	오해받다 ☐
가슴속에 간직하다 ☐	처음 만난 게 엊그제 같다 ☐	평가받다 ☐	초대받다 ☐

2. **어휘를 사용해서 이야기해 보세요.**

   1) 동물과 식물에 대해 이야기해 보세요.

   - 반려동물을 키울 때의 장점과 단점은 무엇입니까?
   - 동물원이나 식물원이 필요하다고 생각합니까? 그 이유는 무엇입니까?
   - 여러분 나라에서 멸종된 동물(식물)에는 어떤 것이 있습니까? 멸종을 막으려면 어떤 노력을 해야 합니까?

   2) 과학과 생활에 대해 이야기해 보세요.

   - 공상 과학 영화에 나온 과학 기술 중 흥미로운 것이 있었습니까?
   - 여러분이 물려받은 유전적 특징에는 어떤 것이 있습니까? 어떤 유전자를 물려주고 싶습니까?
   - 학교에서 배운 과학 지식이 실생활에 활용된 예가 있습니까?

   3) 여러분의 특별한 추억에 대해 소개해 보세요.

   - 특별한 인연이 있습니까? 그 사람을 어디에서 어떻게 만났습니까?
   - 특별한 추억이 담긴 물건을 소개해 보세요.
   - 학창 시절이나 어렸을 때 자주 가던 장소에 다시 가 본 적이 있습니까? 어떤 변화가 있습니까?

3. **4급을 마치는 소감에 대해 이야기해 보세요.**

제가 한국에 온 게 엊그제 같은데 벌써….

4. 문법과 표현의 의미를 확인해 보세요.

16단원

동-어 대다	가: 많이 피곤해 보이네요. 잘 못 잤어요? 나: 어젯밤에 옆집 강아지가 밤새 **짖어 대서** 잠을 잘 못 잤어요.
동형-더라도	가: 이번에 새로 나온 휴대폰이 많이 비싸다던데 정말 살 거야? 나: 응. 아무리 **비싸더라도** 살 거야.
명에 의해(서)	**학생들의 투표에 의해서** 반 대표가 결정된다.
명마저	사람들이 다 나를 믿지 않는데 **가장 친한 친구마저** 나를 의심해서 속상하다.

17단원

동-고도	가: 방금 오면서 나나 씨를 보고 인사했는데 모른 척하더라고요. 나: 설마 나나 씨가 인사하는 것을 **보고도** 모른 척했겠어요? 못 봤겠지요.
명이 아니라, 동-는 게 아니라 형-은 게 아니라, 명인 게 아니라	가: 저 옆에 앉아 있는 사람들이 어느 나라 말로 이야기하는 거야? 혹시 독일어야? 나: 저건 **독일어가 아니라** 프랑스어야.
명뿐이다, 동형-을 뿐이다 명일 뿐이다	중간시험에서 1등을 한 친구에게 어떻게 공부했는지 물어봤더니 수업 시간에 배운 것을 열심히 **복습했을 뿐이라고** 했다.
동-는다는 명, 형-다는 명 명이라는 명	**무궁화라는 꽃은** 한국의 국화로서 흰색, 분홍색 등 여러 색이 있다.

18단원

동형-었더라면 명이었더라면	가: 남자 친구와 결혼한다면서? 축하해. 나: 고마워. 이번에 남자 친구가 **프러포즈하지 않았더라면** 난 남자 친구와 헤어졌을지도 몰라.
동형-기는(요)	가: 나나 씨는 한국어 발음이 정말 좋네요. 나: **좋기는요**. 아직도 한국 사람처럼 자연스럽지는 않아요.
동형-었었-, 명이었었-	10년 전에 내 친구는 지금과 달리 머리가 **길었었다**.
동-곤 하다	나는 머리가 복잡할 때는 가까운 공원에 가서 커피를 마시며 **산책을 하곤 한다**.

복습 6

5. 문법과 표현을 사용해서 이야기해 보세요.

> 1) 동-어 대다　　2) 동형-더라도　　3) 동형-었더라면
> 4) 동형-기는요　　5) 동형-었었-　　6) 동-곤 하다

가형
1) 반려동물을 키울 때 가장 힘든 점은 뭐예요?
2) 아무리 힘들어도 매일 빠뜨리지 않고 하는 일이 있어요?
3) 지금 가장 후회되는 일이 뭐예요?
4) _____ 씨는 노래를 정말 잘하는 것 같아요.
5) 10년 전과 지금의 고향을 비교했을 때 뭐가 달라졌어요?
6) 주말에 보통 뭐 해요?

나형
1) 지하철 안에서 가장 참기 힘든 일은 뭐예요?
2) 아무리 어려워도 꼭 배우고 싶은 것이 있어요?
3) 한국어를 배우지 않았으면 어땠을 것 같아요?
4) _____ 씨는 지난 중간시험 잘 봤다면서요?
5) 예전에는 싫어했는데 지금은 좋아하게 된 것은 뭐예요?
6) 스트레스 받을 때 어떻게 풀어요?

다형
1) 공연을 볼 때 다른 사람에게 방해가 되는 행동은 무엇일까요?
2) 시간이 지나도 잊지 못할 것 같은 일을 소개해 주세요.
3) 휴대폰이 없었으면 우리의 생활이 어땠을 것 같아요?
4) _____ 씨는 요리에 소질이 있다면서요?
5) 한국어를 공부하기 전과 공부한 후에 달라진 것이 뭐예요?
6) 밤에 잠이 안 오면 어떻게 해요?

> 반려동물 키울 때 가장 힘든 점은 뭐예요?

> 집에 손님이 오면 강아지가 **짖어 대서** 손님들이 무서워 해요.

복습 6　175

듣기 Listening

[1~4] 다음을 듣고 질문에 답해 보세요.

1. 뉴스를 듣고 알맞은 그래프를 고르세요.

①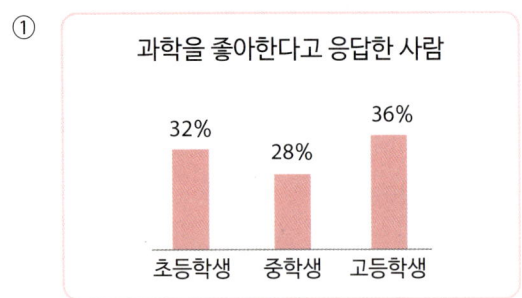
②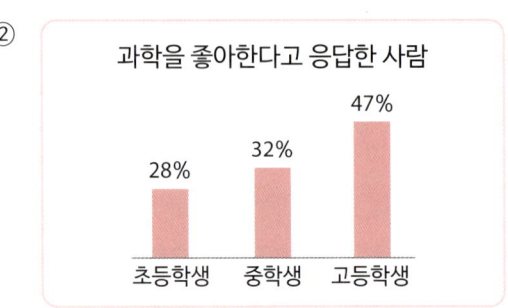
③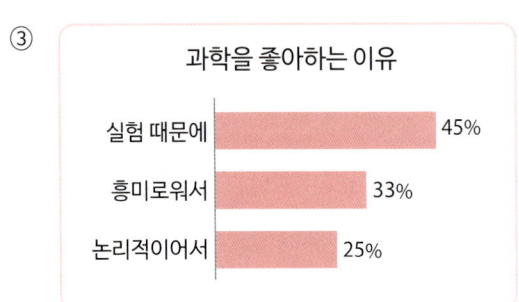
④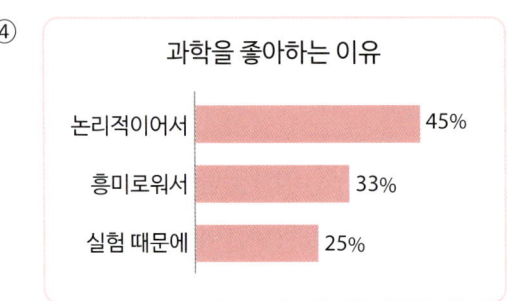

2. 대화가 끝난 후 남자가 이어서 할 행동으로 가장 알맞은 것을 고르세요.

① 손난로를 흔든다.
② 해열제를 먹는다.
③ 포장 비닐을 뜯는다.
④ 손난로를 사러 간다.

3. 대화가 끝난 후 여자가 이어서 할 행동으로 가장 알맞은 것을 고르세요.

① 창문을 연다.
② 가위를 찾는다.
③ 화분을 정수기 옆으로 옮긴다.
④ 거래처에 선물할 화초를 고른다.

4. 발표를 듣고 여자의 생각으로 가장 알맞은 것을 고르세요.

① 한국어를 공부할 때 즐겁게 하는 방법을 찾아야 한다.
② 친구들 덕분에 한국어 공부를 무사히 끝낼 수 있었다.
③ 친구들과의 만남은 우연이므로 인연이라고 할 수 없다.
④ 한국에 유학을 오기 전에 날씨에 대해 잘 알아봐야 한다.

 손난로 hand warmer   유전병 hereditary disease

[5~6] 다음을 듣고 들은 내용과 같은 것을 고르세요.

5. ① 남자는 여자가 누군지 몰라봤다.
   ② 여자와 남자는 같은 중학교에 다녔다.
   ③ 여자는 중학교 때 친구들과 자주 연락한다.
   ④ 남자는 고등학교 때 다른 지역으로 이사를 갔다.

6. ① 우승자는 200만 원의 상금을 받을 수 있다.
   ② 학생 한 명이 접수할 수 있는 사진은 최대 세 장이다.
   ③ 올해 10월 6일부터 11월 5일까지 촬영한 사진을 올리면 된다.
   ④ 서울대 캠퍼스에서 찍은 사진으로만 공모전에 참가할 수 있다.

[7~8] 강연을 듣고 질문에 답해 보세요.

7. 이 강연의 제목으로 가장 알맞은 것을 고르세요.
   ① 유전병을 치료하는 방법
   ② 생활 습관과 질병의 관계
   ③ 유전자에 의해 결정되는 특징
   ④ 환경에 의해 유전자가 변화하는 예

8. 이 강연의 내용과 일치하지 않는 것을 고르세요.
   ① 곱슬머리는 자식에게 유전될 확률이 높은 특징이다.
   ② 부모 모두에게 당뇨병 유전자가 있으면 자식도 당뇨병에 걸린다.
   ③ 다른 사람보다 짧은 손가락을 가지는 것은 유전적 영향 때문이다.
   ④ 부모가 초록색과 빨간색을 구별하지 못하면 자식도 그럴 가능성이 높다.

[9~10] 토론을 듣고 질문에 답해 보세요.

9. 이 토론의 주제는 무엇입니까?
   ① 동물원이나 수족관을 없애야 하는가?
   ② 벨루가가 죽은 책임은 누구에게 있는가?
   ③ 과학 기술이 어떻게 활용되어야 하는가?
   ④ 멸종 위기 동물을 어떻게 보호해야 하는가?

10. 남자의 생각으로 가장 알맞은 것을 고르세요.
    ① 동물원에서 멸종 위기 동물을 번식시켜야 한다.
    ② 동물원에 동물을 가두면 동물에게 나쁜 영향을 준다.
    ③ 사자는 벨루가와 달리 동물원에서 보호하는 게 좋다.
    ④ 교육적 효과를 위해 아이들에게 직접 동물을 보여 줘야 한다.

읽기 Reading

[1~6] 다음을 읽고 질문에 답해 보세요.

1. 신문 기사의 제목을 가장 잘 설명한 것을 고르세요.

① 동물들도 주사를 맞을 필요성이 있다.
② 동물들에게 주사를 맞히는 일은 불가능하다.
③ 동물원에 사는 동물들은 주사를 아주 싫어한다.
④ 동물들에게 주사를 놓는 것이 논란이 되고 있다.

2. 다음 글의 내용과 같은 것을 고르세요.

> 현대인의 필수품이 되어 버린 스마트폰에서는 새로운 메시지, 이메일 등이 올 때마다 알림이 뜬다. 예전에는 다른 사람에게 편지를 통해 소식을 알리거나 마음을 전했으나 최근에는 이메일이나 메신저가 그 역할을 대신하고 있다. 사람들의 전자 기기 사용이 늘면서 갈수록 손으로 편지를 쓰는 것은 흔하지 않은 일이 되어 버렸다. 그래서 손 편지를 쓴다는 것이 예전과 달리 편지를 쓴 사람의 마음을 표현하는 특별한 방법이 되었다. 손 편지를 받으면 이메일을 받는 것보다 더 정성스럽게 느껴지고 설레는 것 같다. 그래서 시간이 좀 걸리더라도 소중한 사람에게 특별한 선물을 하고 싶을 때는 손으로 직접 편지를 쓰는 것을 추천한다.

① 현대에도 손 편지를 쓰는 것은 흔한 일이다.
② 이메일은 손 편지에 비해 정성스럽게 느껴진다.
③ 최근 손 편지로 소식을 알리는 사람이 많아졌다.
④ 과거와 달리 손 편지에는 특별한 의미가 생겼다.

3. 다음을 순서대로 맞게 나열한 것을 고르세요.

> (가) 바로 얼음 위에 모래를 뿌리는 것이다.
> (나) 겨울에 눈이 많이 왔을 때 쌓인 눈이 얼면 길이 더 미끄러워진다.
> (다) 모래를 뿌리면 얼음 위에서 걸을 때보다 마찰력이 커져서 미끄러지지 않는다.
> (라) 이렇게 얼음 때문에 길이 미끄러워졌을 때 과학 원리를 이용하면 문제를 쉽게 해결할 수 있다.

① (나)-(가)-(다)-(라)
② (나)-(라)-(가)-(다)
③ (다)-(나)-(라)-(가)
④ (다)-(가)-(라)-(나)

4. 다음 글에서 보기 의 문장이 들어가기에 가장 알맞은 곳을 고르세요.

겨울에는 많은 사람들이 정전기로 인해 불편을 느낀다. (㉠) 겨울에는 공기가 건조해서 다른 계절보다 정전기가 잘 생기기 때문이다. (㉡) 만약 정전기가 잘 생긴다면 크림을 바르거나 물을 자주 마셔서 몸이 건조해지지 않도록 하는 것이 좋다. (㉢) 그래서 습도가 높은 여름에는 겨울에 비해서 정전기가 잘 생기지 않는다. (㉣)

보기 왜냐하면 물은 전기력을 없애 주는 특성이 있기 때문이다.

① ㉠   ② ㉡   ③ ㉢   ④ ㉣

5. 빈칸에 들어갈 말로 알맞게 연결된 것을 고르세요.

여행을 다녀와서 시간이 흐르면 그때의 기억이 조금씩 잊혀지기 마련이다. (㉠) 사람들은 여행지에서의 추억을 잊지 않기 위해 사진을 찍고 기념품을 산다. 여행 갔을 때 사는 기념품은 보통 여행지의 특산품이나 가지고 다니기 편한 물건인 경우가 많다. 예를 들면 자석, 열쇠고리, 손수건, 여행지의 상징물이 그려진 티셔츠나 엽서 등이다.
　어떤 사람들은 같은 종류의 기념품을 사서 모으기도 한다. 여러 나라에 매장이 있는 커피 전문점에서 컵을 사거나 유명한 음료수를 사 모으는 경우를 예로 들 수 있다. 자신의 나라에서도 파는 물건이지만 여행지의 말이 쓰여 있거나 디자인이 조금씩 다르기 때문에 수집 대상이 된다. (㉡) 기념품을 모으면 여행의 추억도 남기고 수집하는 즐거움도 얻을 수 있다. 다음 여행에서는 자신만의 기념품을 사 보는 것은 어떨까?

① ㉠ 그러나 - ㉡ 그러면
② ㉠ 그래서 - ㉡ 이처럼
③ ㉠ 그리고 - ㉡ 예를 들면
④ ㉠ 그러므로 - ㉡ 반면에

자석 magnet 열쇠고리 keyring 상징물 landmark

6. 다음 글의 내용을 가장 잘 표현한 말을 고르세요.

> 얼마 전 내 대학 친구가 자신과 결혼할 남자를 소개해 주겠다고 하면서 함께 저녁을 먹자고 했다. 약속 장소에 나갔을 때 나는 깜짝 놀랄 수밖에 없었다. 그 남자가 내 고등학교 동창이었기 때문이다. 우리는 고등학교 때 친하게 지냈는데 서로 다른 지역에 있는 대학교에 진학하게 되어서 연락이 끊겼었다. 가끔 그 친구가 잘 지내고 있는지 궁금했는데 이렇게 우연히 만나게 될 줄 몰랐다. 오랜만에 만난 내 친구는 못 알아볼 정도로 멋있어졌다. 고등학교에 다닐 때에도 착한 그 친구에게 도움을 많이 받았는데 대학 친구가 좋은 사람을 만나게 돼서 참 기쁘다.

① 세상이 참 좁다.　　　　　　　　② 세월이 쏜살같다.
③ 손꼽아 기다린다.　　　　　　　　④ 옷깃만 스쳐도 인연이다.

[7~8] 다음을 읽고 질문에 답해 보세요.

>
>
> 　비둘기는 평화를 상징하는 새이다. 이런 이유로 올림픽의 개막식에서 비둘기를 하늘로 날려 보내는 전통이 생겼고, 1988년에 열린 서울올림픽에서도 이런 행사를 진행했다. 지금 한국에서 흔히 볼 수 있는 비둘기는 그때 다른 나라에서 들여온 것이다. 그러나 비둘기의 수가 늘면서 인간에게 주는 피해가 커졌다. 비둘기의 배설물이 건물을 비롯한 각종 시설물을 부식시킬 뿐만 아니라 사람에게 병을 옮기기도 한다. 도시 곳곳에서 사는 수많은 비둘기는 이제 사람들의 골칫거리가 되어 버렸다. 그래서 2009년부터 정부는 비둘기의 개체 수를 줄이기 위해 비둘기에게 먹이 주는 것을 금지하는 등 여러 정책을 실시하고 있다.
> 　이제 한국에서 비둘기는 평화를 상징하는 새라기보다는 사람들의 생활을 방해하는 해로운 동물이 되었다. 만약 사람들이 비둘기를 들여와서 일부러 번식시키지 않았더라면 어땠을까? 비둘기의 수가 지금처럼 늘지 않았더라면 비둘기를 바라보는 시선이 예전과 다르지 않았을 것이다. 비둘기는 원래 야생 동물이다. 사람들이 비둘기가 야생에서 살도록 놔두었더라면 아마 예전처럼 인간과 비둘기는 아무 문제없이 함께 할 수 있었을지도 모른다. 자연을 그대로 놔두지 않고 인간이 자연을 변화시키려고 하면 문제가 생길 수밖에 없다. 앞으로 인간이 동물과 자연을 어떻게 대해야 할지 고민해 봐야 한다.

7. 이 글의 내용과 일치하는 것을 고르세요.

① 비둘기의 배설물은 건물과 사람들에게 큰 피해를 준다.
② 비둘기를 날리는 행사를 한 것은 서울올림픽 때부터이다.
③ 한국에서는 1980년대 이전에도 비둘기를 흔히 볼 수 있었다.
④ 정부에서는 야생 비둘기에게 먹이를 주는 정책을 실시하고 있다.

　개막식 opening ceremony　　부식시키다 to corrode　　골칫거리 nuisance　　개체 수 population number

8. 이 글의 중심 생각으로 가장 알맞은 것을 고르세요.

① 인간으로 인해 비둘기가 유해한 동물이 되었다.
② 비둘기의 개체 수를 줄이기 위해 노력해야 한다.
③ 비둘기는 인간의 생활에 긍정적인 영향을 미친다.
④ 인간이 자연을 개발해서 환경을 더 발전시켜야 한다.

[9~10] 다음을 읽고 질문에 답해 보세요.

은행 계좌를 가진 사람이라면 누구나 비밀번호를 무엇으로 해야 할지 고민해 본 적이 있을 것이다. 복잡한 비밀번호는 기억하기 어려우므로 많은 사람들이 '1234'처럼 생각보다 (   ) 숫자를 비밀번호로 설정한다. 그러나 이런 번호는 다른 사람이 쉽게 알아낼 수 있어서 개인 정보를 보호할 수 없다는 문제가 발생했고 이 문제를 해결하기 위해 비밀번호 대신 생체 인식 기술이 널리 쓰이게 됐다.

생체 인식 기술은 사람마다 다른 신체적 특징을 이용해서 각종 전자 기기나 정보에 접근하는 것을 말한다. 지문 인식은 대표적인 생체 인식 기술로서 지문을 이용하면 복잡한 비밀번호를 외우지 않아도 될 뿐만 아니라 다른 사람이 그 정보를 쉽게 훔칠 수 없다는 장점이 있다. 반면에 사고로 인해 손가락을 다치거나 반복되는 작업으로 지문이 닳으면 지문을 인식하기 어렵다는 단점이 있다. 이처럼 생체 인식 기술도 완벽한 것은 아니기 때문에 요즘은 몇 가지 생체 인식 기술을 함께 사용하는 경우도 있다.

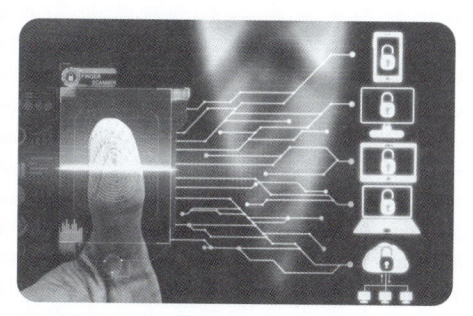

9. (   )에 들어갈 내용으로 가장 알맞은 것을 고르세요.

① 중요한   ② 생소한
③ 복잡한   ④ 간단한

10. 이 글에서 다루지 않은 내용은 무엇입니까?

① 생체 인식 기술의 장점   ② 생체 인식 기술의 한계
③ 생체 인식 기술의 개발 과정   ④ 생체 인식 기술의 발전 배경

생체 biometrics   접근하다 to approach   지문 fingerprint

쓰기 Writing

1. 공통으로 들어갈 말을 골라서 알맞게 써 보세요.

> 치우다   담기다   보호하다   활용하다

1) 민우 씨가 초콜릿이 가득 _____ 상자를 주면서 사랑한다고 고백했다.
   이 사진에는 친구들과의 추억이 _____ 볼 때마다 친구들과 함께 놀던 기억이 떠오른다.

2) 위험한 물건은 아이들의 손이 닿지 않는 곳으로 _____ 것이 좋다.
   반려동물을 키울 때 배설물을 잘 _____ 않으면 집이 금방 지저분해질 수 있다.

3) 전문가들에 의하면 환경을 _____ 위해서는 기업뿐만 아니라 개인의 노력도 중요하다고 한다.
   동물이나 식물의 멸종을 막기 위해서 서식지를 _____ 한다.

2. 알맞은 말을 골라서 대화를 완성해 보세요.

> 키우다   흥미롭다   인정받다   금지하다   발견하다   물려받다

1) 가: 주말에 친구가 추천해 준 영화를 본다더니 어땠어? 재미있었어?
   나: 응. 내용이 _____ 시간 가는 줄도 모르고 봤어.

2) 가: 목걸이가 아주 예쁘고 디자인도 독특하네요. 새로 산 거예요?
   나: 아니요. 할머니한테 _____ 거예요. 그래서인지 이걸 볼 때마다 할머니가 생각나요.

3) 가: 이번에 과장으로 승진했다면서요? 축하해요.
   나: 고마워요. 저도 회사에서 능력을 _____ 것 같아서 정말 기뻐요.

4) 가: 민수 씨는 그림을 정말 잘 그리네요. 언제부터 그리기 시작했어요?
   나: 얼마 안 됐어요. 두 달 전부터 그림을 배우기 시작했는데 제 새로운 소질을 _____ 것 같아요.

복습 6

3. 주어진 말을 사용해서 대화를 완성해 보세요.

1) 가: 피곤해 보이네요. 무슨 일 있어요?
   나: 룸메이트가 밤새도록 _____ 한숨도 못 잤어요. (코를 골다)

2) 가: 우리 마지막으로 얼굴 본 지 10년쯤 됐죠? 그런데 정말 하나도 안 변했네요.
   나: 하나도 안 _____. 예전에 비해서 살도 많이 빠지고 주름도 늘어서 못 알아보는 사람도 있어요. (변하다)

4. 틀린 부분을 찾아서 맞게 고쳐 보세요.

> 소화가 계속 안 되면 약만 먹을 게 아니라 병원에 <u>간다</u>. ➡ 가 보세요

1) 내가 강아지를 키우지 않았더라면 외로움을 달랠 수 없을 것이다.

2) 이 책은 내용이 너무 어려워서 아무리 열심히 공부하더라도 이해를 못 했다.

5. 알맞은 표현을 골라서 대화를 완성해 보세요.

| -고도 | -곤 하다 | -을 뿐이다 | -은 게 아니라 |

1) 가: 어제 본 시험 완전히 망했어. 문제가 너무 어려웠던 것 같아.
   나: 다른 친구들은 쉬웠다던데? 문제가 _____ 네가 공부를 열심히 안 해서 그런 거지.

2) 가: 수진 씨가 시험에 떨어졌다면서요? 많이 속상해하지요?
   나: 어제 소식을 _____ 아직 연락을 못 했어요. 좀 조심스러워서요.

3) 가: 한국 고등학생들은 하루에 다섯 시간만 자면서 공부한다면서요?
   나: 네, 저도 그랬어요. 수업 시간에 너무 피곤해서 _____.

6. 다음 표현을 사용해서 '반려식물을 키울 때의 장점'에 대한 글을 200~300자로 쓰세요.

뿐이다　　　-어 대다　　　-더라도

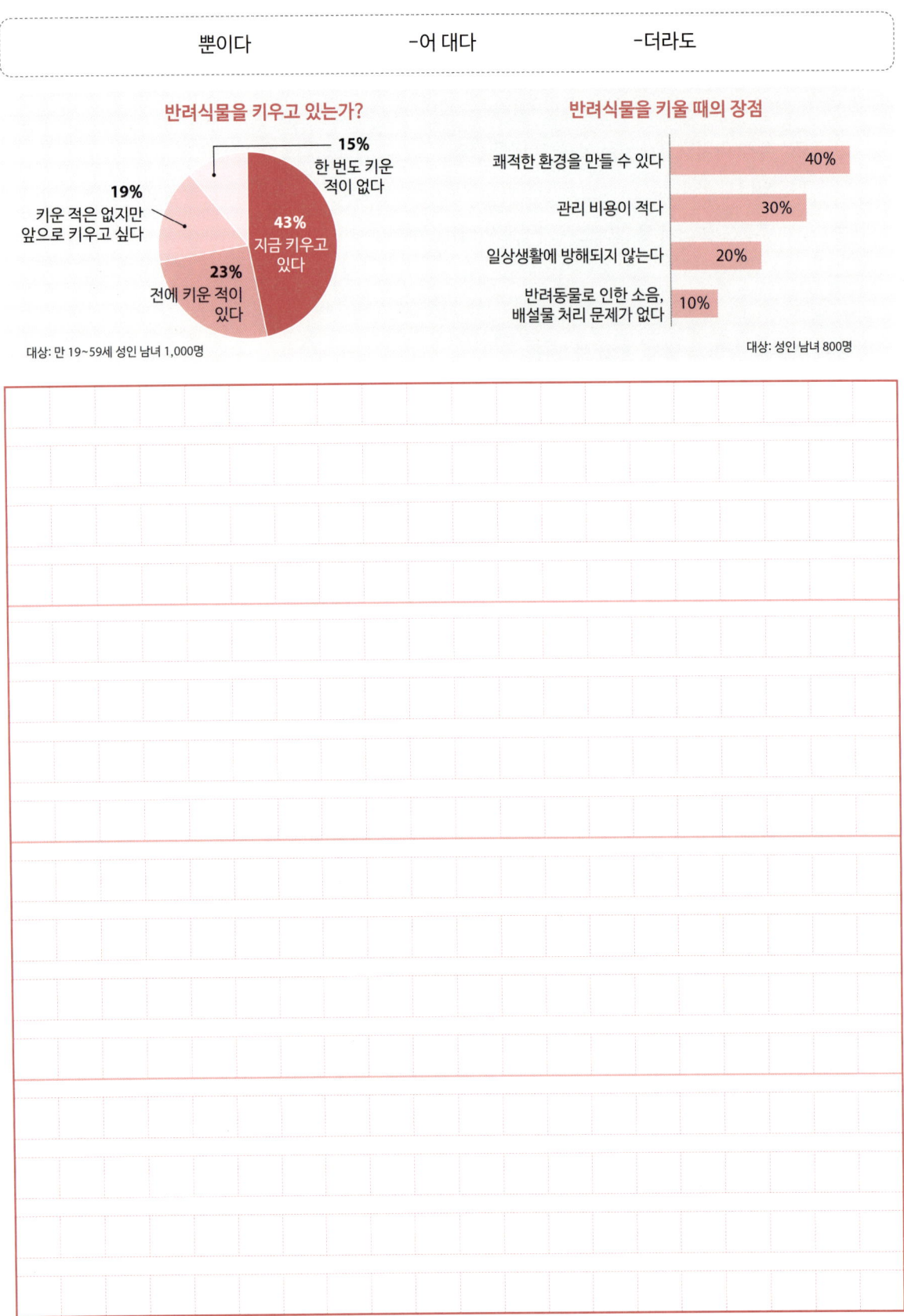

반려식물을 키우고 있는가?
- 43% 지금 키우고 있다
- 23% 전에 키운 적이 있다
- 19% 키운 적은 없지만 앞으로 키우고 싶다
- 15% 한 번도 키운 적이 없다

대상: 만 19~59세 성인 남녀 1,000명

반려식물을 키울 때의 장점
- 쾌적한 환경을 만들 수 있다 40%
- 관리 비용이 적다 30%
- 일상생활에 방해되지 않는다 20%
- 반려동물로 인한 소음, 배설물 처리 문제가 없다 10%

대상: 성인 남녀 800명

발음 Pronunciation

🎧 잘 들어 보세요.

① 주의를 끄는 행동을 하면 개한테 물릴 **가능성**이 있어.
② 어떻게 먹어 보지 **않고도** 오이가 들어간 걸 알았어?
③ **고맙기는요**. 다니엘 씨가 잘해서 합격한 거죠.

🎧 잘 듣고 따라 해 보세요.

① 세계 여러 나라의 영화를 보면 문화의 **다양성**을 느낄 수 있어요.
② 정전기는 흐르지 **않고** 머물러 있는 전기입니다.
③ **잘하기는요**. 아직 한국 사람처럼 말하려면 멀었어요.

🎧 잘 듣고 친구와 연습해 보세요.

① 가: 한국어 말하기 실력이 좋아지려면 어떻게 하는 것이 좋을까요?
  나: 한국어 말하기 실력을 향상시키기 위해 많은 사람과 이야기할 **필요성**이 있습니다.

② 가: 겨울에는 손이 건조해서 정전기가 더 자주 나는 것 같아요.
  나: 그럴 때에는 건조해지지 **않기** 위해서 손에 크림을 자주 바르는 게 좋아요.

③ 가: 다니엘 씨는 정말 춤을 잘 추는 것 같아요. 대단해요!
  나: **대단하기는요**. 그냥 춤을 못 춘다는 소리는 안 들을 정도예요.

복습 4

[1~4] 다음을 듣고 질문에 답해 보세요.

❶ 여: 인터넷 사이트에서 한국인 성인 남녀 천 명을 대상으로 거절에 어려움을 겪는지 조사했습니다. 조사 결과 응답자의 72%가 상대방의 부탁을 거절하기 어렵다고 응답했습니다. 가장 거절하기 어려운 상황이 무엇이냐는 질문에 가족이나 친구처럼 가까운 사람의 부탁이라는 응답이 57%로 과반수를 차지했습니다. 다음으로 직장 상사의 지시나 회식이라는 응답이 32%였고, 영업 사원의 상품 권유를 거절하기 어렵다는 응답은 7%에 불과했습니다. 이 조사 결과를 통해 한국인은 가까운 사람의 부탁을 거절하기 어려워한다는 것을 알 수 있습니다.

❷ 남: 배달시킨 음식이 도착했어. 어서 와서 먹어.
여: 음식을 다른 그릇에 옮겨서 먹을까?
남: 왜? 그릇에 옮겨 담으면 설거지도 해야 되고 번거로울 것 같은데….
여: 보기 좋은 떡이 먹기도 좋다는 말이 있잖아. 예쁜 그릇에 담아서 먹으면 더 맛있을 것 같아.
남: 그래. 그럼, 숟가락하고 젓가락 좀 챙겨 줄래? 내가 음식을 옮겨 담을게.
여: 응, 알겠어.

❸ 여: 손님, 이 옷은 어떠세요? 이번에 새로 나온 제품이에요.
남: 혹시 다른 색깔은 없나요?
여: 색이 마음에 안 드세요? 잘 어울리실 것 같은데….
남: 마음에 안 든다기보다는 집에 비슷한 색깔의 옷이 많아서요. 아, 이거 좋네요.
여: 네. 그 옷도 요즘 인기가 많아요. 한번 입어 보시겠어요? 사이즈가 어떻게 되세요?
남: 100이면 될 것 같아요.
여: 잠시만 기다려 주시겠어요? 창고에서 가져와야 할 것 같아요. 기다리시는 동안 한번 둘러보세요.
남: 네. 감사합니다.

❹ 남: 선의의 거짓말은 상대방을 배려하기 위해 하는 거짓말을 의미합니다. 나의 이익을 위한 것이 아니므로 이런 거짓말은 해도 된다고 생각하는 사람들이 많습니다. 예를 들면 발표를 망친 친구에게 발표를 잘했다고 위로하거나 외모에 자신감이 없는 동생에게 외모에 대한 칭찬을 하는 것입니다. 그러나 저는 이렇게 상대방을 위로하거나 기분 좋게 하기 위해 하는 거짓말은 하지 않는 게 낫다고 봅니다. 듣는 사람은 처음에는 상대방의 배려에 기분이 좋아질 수 있지만 항상 그런 거짓 칭찬이나 위로를 듣다 보면 그 말이 진짜인지 의심하게 될 겁니다. 또한 이렇게 좋은 목적으로 거짓말을 해도 이 말은 자신의 진심이 아니므로 거짓말을 한 사람의 마음 역시 불편해지기 마련입니다. 솔직한 마음을 말하기 부담스러운 상황에서는 거짓말을 하는 것보다 아예 평가를 하지 않는 게 낫습니다.

[5~6] 다음을 듣고 들은 내용과 같은 것을 고르세요.

❺ 여: 우리 부서 김인수 부장님이 다음 달에 퇴직하신대요. 그동안 부장님 덕분에 회사 생활을 잘할 수 있었는데….
남: 부장님이 안 계셔서 앞으로 어떻게 일을 할지 걱정이 되나 봐요.
여: 걱정이 된다기보다는 좀 아쉬워요. 우리 부장님은 이해심도 많으시고 직원들이 실수를 해도 잘못을 지적하지 않고 감싸 주셨거든요.
남: 부럽네요. 그런 상사를 만나기 쉽지 않은데…. 저희 부장님은 잔소리도 많으시고 항상 일을 잘하라고 부담을 주세요.
여: 그래도 일을 잘하면 능력을 인정해 주고 칭찬해 주신다고 하지 않았어요?
남: 네. 그건 그래요.

❻ 남: 최근 현금을 쓰는 사람이 줄어들면서 서울시는 현금 없는 버스를 운행하고 있습니다. 이 버스는 교통 카드나 계좌 이체를 통해서 요금을 받습니다. 교통 카드를 두고 나왔다면 휴대폰 앱을 이용해 은행 계좌에서 바로 요금을 내면 됩니다. 그런데 휴대폰 사용에 익숙하지 않거나 교통 카드가 없는 경우 현금이 있어도 이 버스를 탈 수가 없습니다. 말 그대로 '그림의 떡'인 셈입니다. 서울시는 버스를 탈 때 현금을 내는 사람이 줄어든 데다가 버스 요금을 현금으로 받을 경우 관리 비용이 많이 든다면서 현금 없는 버스의 필요성을 강조하고 있습니다. 서울시는 앞으로 현금 없는 버스를 확대해 나가겠다고 해 버스를 이용하는 사람들의 불편은 더 커질 것으로 예상됩니다.

[7~8] 대화를 듣고 질문에 답해 보세요.

여: 목말라서 죽을 것 같아. 빨리 편의점에 가서 물 한 병 사자.
남: 저쪽에 가면 정수기가 있을 거야. 조금만 참아. 좀 참으면 천 원이나 아낄 수 있어.
여: 난 돈보다 내 몸이 더 소중해. 그리고 물 한 병 살 돈을 아껴서 뭘 할 수 있다고 그래?
남: 적은 돈이지만 모으다 보면 큰돈을 만들 수 있어. 나 하루에 천 원씩 저금하는 거 알지? 티끌 모아 태산이라더니 그렇게 조금씩 모아서 벌써 백만 원이 됐어.
여: 나는 티끌 모아 티끌인 것 같아.
남: 그게 무슨 말이야?
여: 전에 나도 티끌 모아 태산이라는 말을 믿고 100원짜리를 모은 적이 있어. 돈을 모아서 가방을 사려고 했거든. 근데 모인 돈이 너무 적어서 가방을 사기는커녕 친구랑 밥 한 끼 먹기도 힘들었어.
남: 설마 네가 꾸준히 돈을 모았겠어? 넌 인내심도 부족하고 성격도 급해서 뭐든지 금방 포기하잖아. 보나 마나 좀 모으다가

포기했을 게 뻔해.
여: 뭐라고? 너 지금 나 무시하는 거야?

[9~10] 강연을 듣고 질문에 답해 보세요.

여: 한국에서는 어른의 말을 잘 듣지 않는 아이에게 청개구리 같다고 합니다. 옛날 사람들은 비가 올 때마다 청개구리가 우는 것을 보고 청개구리 이야기를 만들었고, 이 이야기에서 '청개구리 같다'라는 표현이 생겨나게 된 것이지요. 청개구리 이야기를 모른다면 청개구리 같다는 말이 무슨 뜻인지 알기 어렵습니다. 이처럼 속담이나 관용어는 그 나라의 문화나 옛날이야기와 관련된 것이 많습니다.

그런데 재미있는 것은 실제로 청개구리는 비가 올 때 더 크게 운다는 것입니다. 청개구리는 피부로 호흡을 하기 때문에 건조한 날보다는 습도가 높은 날에 더 편하게 호흡할 수 있다고 합니다. 그래서 비 오는 날 힘차게 소리를 내는 것입니다. 이렇게 옛날 사람들은 자연 현상이나 동물의 생태, 독특한 지형 등을 관찰하고 여기에 상상력을 더해서 이야기를 만들었습니다. 그 대표적인 예로 '울산 바위'라는 이야기가 있는데, 설악산에 있는 큰 바위를 보고 그 바위가 울산에서 올라왔다고 상상한 것입니다. 여러분이 한국에서 여행을 할 때 독특한 이름을 가진 바위나 연못이 있다면 관련된 이야기가 있지는 않은지 확인해 보십시오. 그 지역 사람들에게 전해져 오는 재미있는 옛날이야기를 만나게 될 겁니다.

복습 5

[1~4] 다음을 듣고 질문에 답해 보세요.

❶ 여: 한국인 한 명이 1년 동안 버리는 플라스틱 쓰레기는 얼마나 될까요? 2016년 발표된 SEA 보고서에 의하면 한국의 1인당 플라스틱 쓰레기 배출량은 88kg으로, 미국 105kg, 영국 99kg에 이어 세 번째로 많다고 합니다. 플라스틱 쓰레기뿐만 아니라 전체 쓰레기 배출량도 점점 늘어나고 있습니다. 환경부에 의하면 2016년에 국내에서 하루 평균 배출된 쓰레기는 약 43만 톤이며, 2018년 45만 톤, 2020년 55만 톤으로 크게 증가했다고 합니다. 전문가들은 플라스틱, 비닐 등 일회용품 사용을 줄이지 않으면 몇 년 안에 전국이 쓰레기로 뒤덮일지도 모른다고 경고하고 있습니다.

❷ 남: 자밀라, 이번 학기 성적 장학금 신청했어? 난 아까 이메일로 신청했는데….
여: 이번 학기부터는 학생이 직접 홈페이지에서 신청해야 된다던데….
남: 뭐라고? 언제 바뀐 거야? 학교 홈페이지에서 하면 돼?
여: 응. 학교 홈페이지에 로그인해서 장학금 신청서랑 한국어시험 성적표 사진을 올리고 장학금을 받을 계좌번호를 입력하면 돼. 참, 계좌 이름은 꼭 한국어로 등록해야 된대.
남: 그래? 난 계좌 이름이 영어로 돼 있는데….
여: 은행에 가서 한국어 이름으로 바꾸면 돼. 신청 기간이 오늘 밤까지니까 빨리 이름부터 바꾸는 게 좋겠다.
남: 응, 알겠어. 고마워.

❸ 여: 제가 요즘 안 쓰는 물건을 정리하고 있는데요. 선풍기를 어떻게 버려야 되는지 잘 모르겠어요.
남: 사용할 수 있는 거면 이웃 장터에서 팔아 보는 게 어때요? 쓸 만한 걸 그냥 버리면 쓰레기가 되잖아요.
여: 아직 작동하기는 하는데 10년이나 쓴 거라서 팔기가 좀 그래요.
남: 아깝지만 할 수 없네요. 선풍기처럼 작은 가전제품은 집 근처에 있는 소형 가전 수거함에 버리면 돼요. 근처에 수거함이 있는지 찾아보세요.
여: 그래요? 쓰레기를 버릴 때 돈을 내야 된다고 들었는데요. 주민센터에 가서 돈을 내면 돼요?
남: 소형 가전제품은 무료로 버릴 수 있어요.
여: 그래요? 지금 바로 찾아봐야겠네요. 알려 줘서 고마워요.

❹ 남: 안녕하세요? 오늘 발표를 맡은 테오입니다. 지난 수업 시간에 한국의 다양한 사투리에 대해서 배웠는데요. '사투리를 사용하는 게 재미있다', '사투리를 사용하면 알아듣기 힘들어서 불편하다' 등 친구들이 다양한 반응을 보여 줘서 아주 흥미로웠습니다. 저한테는 부산 출신 친구가 한 명 있습니다. 그 친구는 공식적인 상황이나 친구들과 모인 자리에서 표준어로 이야기하려고 노력합니다. 제가 어느 날 그 친구한테 사투리를 쓰지 않는 이유를 물어봤더니 사투리를 쓰는 게 부끄럽다고 하더라고요. 저는 사투리가 언어의 멋을 잘 살려 주는 흥미로운 문화라고 생각합니다. 비슷한 말이라도 어떤 말을 쓰느냐에 따라 느낌에 큰 차이가 있습니다. 사투리는 한국어 표현을 풍부하게 만들어 주고 친근한 느낌을 들게 하는 정이 담긴 말입니다. 사투리를 통해서 그 지역만의 독특한 문화를 널리 알릴 수 있으니까 저는 제 친구가 사투리 쓰는 것을 부끄럽게 여기지 말고 자랑스럽게 생각했으면 좋겠습니다. 그리고 저도 기회가 된다면 지역의 문화를 보여 주는 사투리를 배워 보고 싶습니다.

[5~6] 다음을 듣고 들은 내용과 같은 것을 고르세요.

❺ 남: 무슨 일 있어? 피곤해 보이는데?
여: 어제 윗집에서 새벽 한 시까지 시끄럽게 해서 잠을 못 잤어. 음악 소리도 시끄러운 데다가 아이가 쿵쿵 뛰는 소리까지 들리더라고. 오늘 밤에도 또 그러면 아이가 뛰지 않게 해 달라고 말해야겠어.
남: 윗집 사람들이 그런 게 맞아? 잘못 항의했다가 이웃끼리 큰 싸움이 날 수도 있어.
여: 윗집에서 나는 소리가 맞아. 아이가 쿵쿵 뛰는 소리뿐만 아니라 싸우는 소리도 나고, 평소에도 늦은 시간까지 세탁기며 청소기 소리며 아주 시끄럽다니까.
남: 내 친구도 윗집 아이가 뛰어서 항의하려고 찾아갔는데 가 보

니까 아이가 없는 집이었대. 다른 집에서 나는 소리를 윗집 소리라고 오해하고 항의했다가 사이가 안 좋아졌다던데?
여: 그럼 어떻게 해야 돼?
남: 우선 윗집에 아이가 있는지 없는지 확인해 보고, 소음이 윗집에서 나는 게 맞는지 며칠 살펴보는 게 어때? 윗집에서 그러는 게 맞으면 관리 사무소에 가서 윗집 때문에 불편을 겪고 있다고 이야기해. 네가 직접 해결하는 것보다 관리 사무소를 통해서 해결하는 게 더 좋아.

❻ 남: 운악산에 케이블카를 설치하려는 서울시의 계획이 주민들의 반대에 부딪쳤습니다. 운악산 개발 문제는 10년 전부터 논란이 되어 왔는데요. 서울시의 계획에 찬성하는 주민들은 케이블카를 설치하면 일자리가 늘고, 지역 경제가 발전할 거라고 기대하고 있습니다. 반면에 환경 단체에서는 운악산의 환경이 파괴될 뿐만 아니라 오염이 발생할 것을 우려하면서 케이블카 설치 계획을 취소하라고 요구하고 있습니다. 입장과 이해관계가 다른 양쪽이 맞서고 있어서 쉽게 해결책을 찾기는 어려울 것으로 예상됩니다.

[7~8] 대화를 듣고 질문에 답해 보세요.

남: 이거 새로 나온 물티슈인데 한번 써 봐.
여: 음…. 잘 찢어지는 거 빼면 특별히 다른 점은 못 느끼겠는데?
남: 물티슈가 플라스틱으로 만들어졌다는 건 알고 있지?
여: 응. 그래서 재활용도 안 되는 데다가 미세 플라스틱으로 인한 수질 오염 문제도 심각하다고 들었어.
남: 맞아. 플라스틱으로 만들어진 물티슈는 썩는 데 백 년이나 걸린대. 그래서 플라스틱 말고 종이 원료로 물티슈를 만들었대. 이건 기존 물티슈와 달리 썩는 데 5개월 정도밖에 안 걸린다더라고.
여: 어떤 재료로 만들든지 일회용품이라는 점은 똑같은 거 아냐? 난 잘 썩는 물티슈를 만들 게 아니라 물티슈 같은 일회용품을 사용하지 말아야 될 것 같아. 어떤 재료로 만들었든지 계속 일회용품을 쓰다가는 환경 오염이 점점 더 심해질 거야.
남: 글쎄. 난 물티슈가 꼭 필요한 상황도 있고, 갑자기 안 쓰기는 어려우니까 이런 제품을 만드는 것도 의미가 있는 것 같은데….

[9~10] 강연을 듣고 질문에 답해 보세요.

여: 여러분, '요린이', '주린이'라는 유행어를 들어 본 적이 있으십니까? 최근 방송이나 인터넷 등에서는 어린이라는 말에서 '-린이'를 따와서 '어떤 것을 처음 시작했거나 실력이 부족한 사람'을 뜻하는 말로 사용하고 있습니다. '요린이'는 요리를 처음 배우는 사람이며, '주린이'는 주식을 처음 하는 사람을 뜻합니다. 또 다른 예로는 자전거 초보를 '자린이', 등산을 처음 시작하는 사람을 '등린이'라고 부르는 것이 있습니다. 이 말을 사용하는 사람들은 '-린이'를 붙여 말하면 '초보'라고 하는 것보다 귀엽고 사랑스러운 느낌이 든다고 말합니다.
그러나 이 말이 어린이를 차별하는 표현이라며 비판하는 의견도 있습니다. 우리가 의식하지 못하는 사이에 어린이를 어른에 비해 실력이 부족하다고 생각한다는 겁니다. 저는 이런 비판에 일리가 있다고 생각합니다. '-린이'라는 말이 귀엽게 느껴진다는 것도 사실 어린이는 귀여워야 한다는 생각이 드러난 것 아닐까요? 나보다 힘이 세고, 지위가 높은 사람한테 귀엽다고 말하지는 못하니까요.
이처럼 우리가 무심코 사용하는 말이 논란이 될 수도 있습니다. 말의 중요성은 아무리 강조해도 지나치지 않을 겁니다. 여러분이 자주 사용하는 말에 대해 한번 생각해 보시면 어떨까요?

복습 6

[1~4] 다음을 듣고 질문에 답해 보세요.

❶ 남: 과학의 날을 맞아 초, 중, 고등학생 각 500명을 대상으로 과학을 좋아하는지 조사했습니다. 과학을 좋아하느냐는 질문에 초등학생 47%, 중학생 32%, 고등학생 28%가 좋아한다고 응답해 학년이 올라갈수록 과학에 대한 선호도가 떨어지는 것으로 나타났습니다. 과학을 좋아하는 이유로는 '실험 때문에' 좋아한다는 응답이 45%로 1위를 차지했으며, '흥미로워서' 33%, '논리적이어서' 25% 순으로 나타났습니다. 이 조사 결과로 학교에서 과학을 가르칠 때 실험을 통해 과학에 대한 흥미를 높여야 한다는 것을 알 수 있습니다.

❷ 여: 너무 춥다. 손이 얼 것 같아.
남: 자, 이거 받아. 손난로인데 들고 있으면 따뜻해질 거야. 아까 너 만나러 오면서 샀어.
여: 고마워. 근데 왜 열이 나는지 알아?
남: 글쎄. 난 잘 모르겠는데.
여: 안에 철가루가 들어 있는데 이렇게 포장했던 비닐을 뜯으면 공기 중에 있는 산소랑 만나서 열이 나거든. 그래서 따뜻해지는 거야.
남: 난 과학 이야기라면 골치가 아파. 그런데 별로 안 따뜻하네.
여: 빨리 따뜻해지게 하려면 흔들면 돼. 흔들면 산소랑 반응이 빨리 일어나거든.
남: 그래? 그럼 한번 해 볼까?

❸ 여: 이 화초 좀 보세요. 얼마 전에 거래처에서 선물 받은 건데 잎이 까맣게 변했어요.
남: 이런 식물은 강한 빛을 싫어해서 햇볕을 직접 쬐면 잎이 탈 수 있어요.
여: 그럼 화분을 옮겨야겠네요.
남: 정수기 옆으로 옮기면 어떨까요? 우리 사무실에서 제일 바람이 잘 통하고 햇빛도 비치지 않는 곳이니까 이 화초가 잘 자랄 거예요.
여: 까맣게 변한 잎은 어떻게 하지요?
남: 잘라 줘야 할 것 같은데요. 제가 화분을 옮길 테니까 가위를 좀 찾아올래요?

여: 네, 알겠어요.

❹ 여: 저는 지금으로부터 1년 전 한국에 처음 왔을 때의 기억이 아직도 생생합니다. 낯선 곳에서 살게 되어서 잔뜩 긴장한 데다가 날씨마저 추워서 몸도 마음도 힘들었었지요. 하지만 항상 친절하게 대해 주시는 선생님과 비슷한 고민을 나누면서 서로 위로하고 격려해 준 친구들 덕분에 무사히 한국어 공부를 마친 것 같습니다. 우리는 매일 함께 공부하고, 쉬는 날에는 노래방에 가서 신나게 노래를 부르곤 했었지요. 친구들이 없었더라면 저는 한국어 공부를 그만두었을지도 모릅니다. 우리가 처음 만난 게 엊그제 같은데 벌써 헤어질 때가 되었네요. 친구들과의 소중한 추억을 영원히 가슴속에 간직할 겁니다. 그리고 옷깃만 스쳐도 인연이라는 말이 있지요? 우리가 이렇게 만난 것은 우연이 아니라 인연이라고 생각합니다. 지금은 헤어지지만 서로 연락하면서 앞으로도 좋은 인연을 이어나갔으면 좋겠습니다.

[5~6] 다음을 듣고 들은 내용과 같은 것을 고르세요.

❺ 남: 혹시 서울중학교 다니지 않으셨어요?
여: 네, 그런데요. 어? 혹시 김민우?
남: 응, 맞아. 어떻게 이런 데서 만나냐? 세상 참 좁다.
여: 그러게. 근데 너 몰라보게 달라졌다. 키도 많이 크고, 되게 멋있어졌는데?
남: 멋있긴. 넌 예전 그대로네. 학교 다닐 때 너 좋아하는 친구들 많았는데 지금도 인기 많겠는걸? 참, 다음 주에 중학교 동창회가 있는데 알아? 우리 1년에 한 번씩 모이는데 그때마다 네가 안 나와서 궁금했어.
여: 나 고등학교 때 이사 가는 바람에 중학교 친구들하고 연락이 끊겼거든. 그래서 동창회를 하는 줄도 몰랐어.
남: 이번에 우리 반 친구들이 거의 다 모이니까 너도 동창회에 오는 게 어때?
여: 그럴까? 어디에서 하는데?

❻ 남: 서울대학교 홍보처에서 사진 공모전을 엽니다. 이번 공모전에서는 '아름다운 서울대', '서울대와 나'라는 두 가지 주제로, 서울대 풍경과 서울대 캠퍼스에서 찍은 학생들의 사진을 모집합니다. 작년 1월부터 12월까지 촬영된 사진만 접수가 가능하며, 서울대 캠퍼스가 아닌 곳에서 찍은 사진은 시상에서 제외됩니다. 접수 기간은 10월 6일부터 11월 5일까지 한 달간이며, 참가를 원하는 학생은 본인이 직접 찍은 사진을 서울대 홈페이지에 올리면 됩니다. 사진은 각 주제별로 3장까지만 올릴 수 있습니다. 대상은 각 주제별로 한 명씩이며, 우승자에게는 100만 원의 상금과 서울대 달력에 사진을 실을 기회를 드립니다. 학생 여러분의 많은 참여 바랍니다.

[7~8] 강연을 듣고 질문에 답해 보세요.

남: 머리카락 모양과 같은 신체적 특징은 유전자에 의해서 결정된다는 것을 다들 알고 계실 텐데요. 과학에 대해 흥미를 느끼지 못하는 사람도 부모님 중 누구에게 유전자를 물려받았는지 궁금했던 적이 있으실 겁니다. 만약 여러분의 부모님 중 한 분이 곱슬머리라면 여러분이나 형제들이 곱슬머리일 확률이 높아지는데요. 이런 신체적 특징뿐만 아니라 능력이나 질병도 유전되어 나타나는 경우가 있습니다. 부모님으로부터 받은 유전자 때문에 다른 사람에 비해서 짧은 손가락을 가지거나 초록색과 빨간색을 구별하지 못하는 것이 그 예입니다. 또한 부모 모두 당뇨병이 있는 경우 당뇨병에 걸리기 쉬운 유전자가 부모로부터 자식에게 전달될 가능성이 높습니다. 그러나 앞의 경우와는 달리 당뇨병은 환경의 영향도 받습니다. 따라서 당뇨병에 잘 걸리는 유전자를 가지고 있더라도 규칙적으로 운동하고 좋은 식습관을 가지면 당뇨병에 걸리지 않을 수 있습니다.

[9~10] 토론을 듣고 질문에 답해 보세요.

여1: 최근 수족관에서 흰고래 벨루가가 폐사하면서 동물원이나 수족관 폐지에 대한 논란이 뜨거워졌습니다. 오늘은 동물원이나 수족관이 필요한지 아니면 없애야 하는지에 대해 이야기를 나눠 보도록 하겠습니다.
남: 저는 사자나 기린같이 넓은 곳에서 사는 동물을 동물원에 가두는 것은 동물을 학대하는 일이라고 봅니다. 얼마 전에 벨루가가 폐사한 것도 인간들에 의해서 수족관에 갇혔기 때문이 아닙니까?
여2: 벨루가가 죽은 것은 저도 안타깝지만 제 생각에는 아이들의 교육을 위해서 동물원이나 수족관은 꼭 필요한 것 같습니다. 동물원이나 수족관이 없다면 아이들이 벨루가나 사자를 직접 볼 기회가 거의 없습니다. 책에서 작은 사진으로 보는 것과 실제로 눈앞에서 보는 것은 큰 차이가 있습니다.
남: 과학 기술이 발달하면서 사막이나 바다에 가지 않고도 가상현실 안경 등을 통해서 사자나 벨루가 같은 동물을 볼 수 있게 되었습니다. 철창 안에 갇힌 기운 없는 사자를 보여 주는 것이 교육적으로 바람직할까요?
여2: 얼마 전 한 동물원에서는 멸종 위기에 처한 한국호랑이 새끼가 태어났습니다. 동물원이 없어진다면 이런 멸종 위기 동물들은 더 빨리 사라질 겁니다.
남: 동물들이 멸종 위기에 처한 것은 인간들이 서식지를 파괴하고, 동물들을 마구 사냥했기 때문입니다. 동물원에서 번식을 시키는 것은 멸종을 막는 게 아니라 멸종을 늦추는 일일 뿐입니다.
여2: 저도 인간 때문에 동물들이 멸종 위기에 처했다고 생각합니다. 그래서 인간들이 동물원이나 수족관에서 멸종 위기 동물을 보호해야 하는 것입니다.

Answer Key 모범 답안

10. 태도와 평가

10-1. 태도

어휘 p. 14

1. 2) 용서해 3) 거들어
   4) 인정한 5) 배려하기

2. 1) ~ 5)

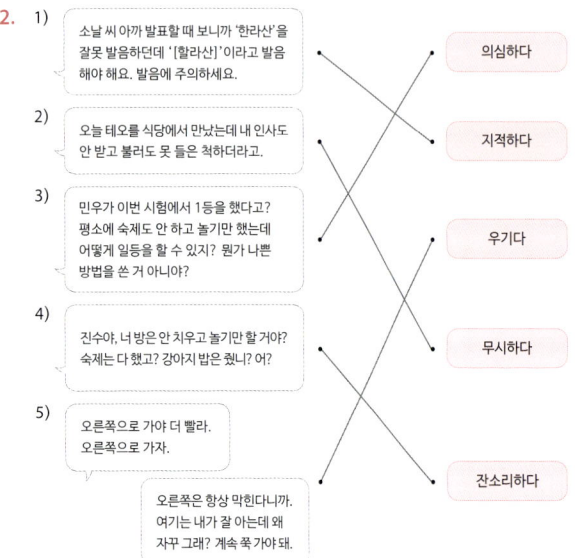

문법과 표현 ① 동 형 -을 게 뻔하다, 명 일 게 뻔하다 p. 16

1. 2) 시험을 못 볼 게 뻔해요
   3) 비쌀 게 뻔해
   4) 자고 있을 게 뻔해요
   5) 우리 팀이 질 게 뻔해
   6) 거짓말일 게 뻔해

2. 2) 떨어졌을 게 뻔해요
   3) 게임을 했을 게 뻔해요
   4) 다 안 읽었을 게 뻔해
   5) 문을 닫았을 게 뻔해요

문법과 표현 ② 동 -기(가) 무섭게 p. 18

1. 2) 월급을 받기가 무섭게
   3) 자리에 앉기가 무섭게
   4) 일어나기가 무섭게
   5) 나오기가 무섭게

2. 2) 집에 오기가 무섭게 방에 들어가서 안 나와
   3) 내 얼굴을 보기가 무섭게 화를 내더라고

   4) 눈을 뜨기가 무섭게 휴대폰을 확인해요
   5) 퇴근하기가 무섭게 체육관에 가더라고요

10-2. 행동 평가

어휘 p. 20

1. 2) 공손하다고 3) 신념을 지키는
   4) 세심하게 5) 열정적인

2. 1) ~ 5)

문법과 표현 ③ 명 은커녕, 동 형 -기는커녕 p. 22

1. 2) 김치찌개는커녕 라면도 못 끓여요
   3) 생일 파티는커녕 축하 인사도 못 받았어요
   4) 노래는커녕 이름도 들어 본 적이 없어요
   5) 해외여행은커녕 제주도도 못 갈 것 같아요

2. 2) 감기가 나아지기는커녕
   3) 장학금을 받기는커녕
   4) 대답을 잘하기는커녕
   5) 결승전에 진출하기는커녕

문법과 표현 ④ 명 치고 p. 24

1. 2) 인스턴트 음식치고 건강에 좋은 음식은 없어요
   3) 요즘 나오는 노트북치고 카메라가 없는 제품은 없을걸요
   4) 젊은 사람치고 이 노래를 모르는 사람은 없을 거예요
   5) 지하철역에서 가까운 집치고 월세가 비싸지 않은 곳은 없어요
   6) 직장인치고 휴가를 기다리지 않는 사람은 없을 거예요

2. 2) 농구 선수치고 키가 작은 편이다
   3) 초보운전자치고 운전을 잘하는 편이다
   4) 주말치고 공원에 사람이 별로 없다

5) 오래된 건물치고 깨끗한 편이다
6) 발표를 처음 하는 사람치고 떨지 않고 여유 있게 발표를 했다

11. 대인 관계

11-1. 부탁과 거절

어휘 p. 28

1. 2) 도움을 청해 3) 간접적으로 거절한
   4) 솔직하게 말하고 5) 핑계를 대더라고요

2. 2) 쑥스러웠다 3) 서운해했다
   4) 어색한 5) 번거로웠지만
   6) 손해를 본다고

문법과 표현 ① 동 형 -거든 p. 30

1. 2) 잠이 안 오거든 따뜻한 우유를 마셔 보세요
   3) 궁금한 게 있거든 저한테 물어보세요
   4) 시간이 별로 없거든 평일에 다시 오는 게 좋겠어요
   5) 컴퓨터 속도가 느리거든 필요 없는 파일을 지워 보세요
   6) 일이 너무 많거든 무리하지 말고 내일 마무리하세요

2. 2) 장학금을 받거든
   3) 사진을 보내거든
   4) 날짜가 정해지거든
   5) 삼각 김밥이 남아 있거든

문법과 표현 ② 동 -는다기보다는, 형 -다기보다는
명 이라기보다는 p. 32

1. 2) 검은색 옷을 좋아한다기보다는 다른 옷과 입기 좋아서 그래
   3) 유미 씨가 싫어졌다기보다는 가끔 혼자 있는 시간이 필요해서 그래요
   4) 이해력이 부족하다기보다는 뉴스의 내용이 어려운 것 같아요
   5) 이 식탁이 별로라기보다는 우리 집 부엌에 어울리지 않을 것 같아요

2. 2) 연습을 많이 했다기보다는
   3) 외롭다기보다는
   4) 예의가 없다기보다는
   5) 싸웠다기보다는

11-2. 사회생활

어휘 p. 34

1. 2) 두려울 3) 원만하게
   4) 다름을 인정하면 5) 좋은 관계를 유지하기

2. 1)

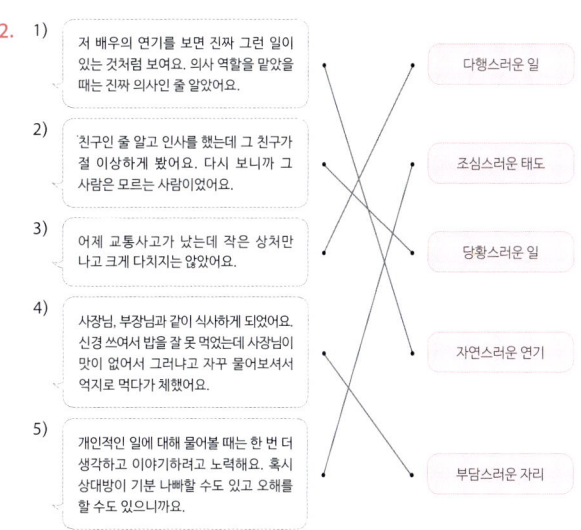

문법과 표현 ③ 명 대로, 동 -는 대로 p. 37

1. 2) 설명서대로 3) 조언대로
   4) 요리법대로 5) 생각대로

2. 2) 말하는 대로 3) 들리는 대로
   4) 가리키는 대로 5) 나오는 대로

3. 2) 추천해 준 대로 3) 칭찬한 대로
   4) 들은 대로 5) 주문하신 대로

문법과 표현 ④ 동 형 -으므로, 명 이므로 p. 40

1. 2) 올해 물가가 많이 올랐으므로 서민들의 생활이 어려워질 것이다
   3) 부탁을 잘못 거절하면 상대방의 기분이 상할 수 있으므로 거절할 때도 예의가 필요하다
   4) 오전에는 서비스 센터에 문의 전화가 많아서 전화 연결이 잘 안 되므로 2시 이후에 전화하는 것이 좋다

2. 2) 손을 넣으면 물릴 수 있으므로
   3) 어린이보호구역이므로
   4) 자전거는 공원에 들어갈 수 없으므로
   5) 물이 깊으므로

12. 옛날이야기의 교훈

12-1. 속담과 생활

어휘 p. 44

1. 2) 개구리 올챙이 적 생각 못 한다.
   3) 그림의 떡이다.
   4) 남의 떡이 더 커 보인다.
   5) 떡 줄 사람은 생각지도 않는데 김칫국부터 마신다.
   6) 원숭이도 나무에서 떨어질 때가 있다.
   7) 호랑이도 제 말 하면 온다.
   8) 보기 좋은 떡이 먹기도 좋다.
   9) 티끌 모아 태산이다.
   10) 하늘의 별 따기이다.
   11) 누워서 침 뱉기이다.
   12) 작은 고추가 맵다.

2. 2) 남의 떡이 더 커 보인다는
   3) 그림의 떡이야
   4) 개구리 올챙이 적 생각 못 한다는
   5) 하늘의 별 따기예요
   6) 보기 좋은 떡이 먹기도 좋다고
   7) 떡 줄 사람은 생각지도 않는데 김칫국부터 마신다는

문법과 표현 ❶ 동-는다더니, 형-다더니, 명이라더니 p. 46

1. 2) 물세탁이 가능하다더니
   3) 음식이 맛있다더니
   4) 맑을 거라더니 / 맑다더니
   5) 쓸 수 있다더니
   6) 갚는다더니 / 갚겠다더니

2. 2) 책이 많다더니
   3) 사진을 잘 찍는다더니
   4) 요리를 잘한다더니
   5) 친한 친구 사이라더니

3. 2) 티끌 모아 태산이라더니
   3) 호랑이도 제 말 하면 온다더니
   4) 원숭이도 나무에서 떨어질 때가 있다더니
   5) 보기 좋은 떡이 먹기도 좋다더니

문법과 표현 ❷ 설마 동형-겠어(요)? p. 49

1. 2) 설마 직접 요리하겠어
   3) 설마 언니가 알겠어요 / 설마 눈치 채겠어요
   4) 설마 자고 있겠어요
   5) 설마 싸겠어요

2. 2) 설마 벌써 도착했겠어
   3) 설마 벌써 상했겠어요
   4) 설마 벌써 고장 났겠어요
   5) 설마 떨어졌겠어요

12-2. 옛날이야기

어휘 p. 51

1. 2) 정직한 3) 벌을 받은
   4) 욕심을 부리면 5) 어리석은
   6) 은혜를 갚을 7) 영리하구나

2.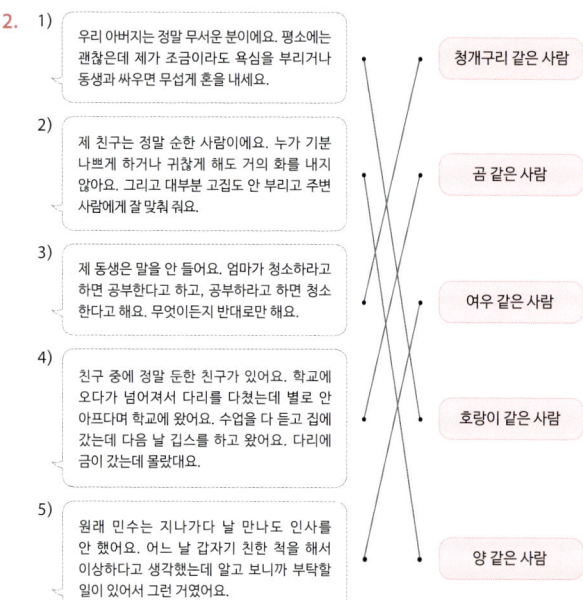

문법과 표현 ❸ 동-는다는 것은 명으로 알 수 있다
형-다는 것은 명으로 알 수 있다
명이라는 것은 명으로 알 수 있다 p. 54

1. 2) 내 친구가 부끄러워한다는 것은 얼굴이 빨개진 것으로 알 수 있다
   3) 그 식당의 음식이 맛있다는 것은 식당 앞에서 대기하는 줄이 긴 것으로 알 수 있다
   4) 내 친구가 일을 많이 한다는 것은 주말에도 자주 출근하는 것으로 알 수 있다

2. 2) 영화 평점으로 알 수 있다
   3) 웃고 있는 얼굴 표정으로 알 수 있다
   4) 손에 낀 반지로 알 수 있다
   5) 심사위원들의 평가로 알 수 있다

| 문법과 표현 ❹ | 동 형 -기 마련이다 | p. 56

1. 2) 있기 마련이에요
   3) 사고 싶기 마련이에요
   4) 알게 되기 마련이에요
   5) 익숙해지기 마련이에요
   6) 날씨가 시원해지기 마련이야

2. 2) 실수를 하기 마련이다
   3) 전문가가 되기 마련이다
   4) 생활이 힘들어지기 마련이다
   5) 사이가 나빠지기 마련이다
   6) 맛있어 보이기 마련이다

복습 4

듣기 p. 62
1. ③ 2. ③ 3. ① 4. ② 5. ④
6. ③ 7. ④ 8. ② 9. ③ 10. ①

읽기 p. 64
1. ② 2. ④ 3. ② 4. ③ 5. ④
6. ① 7. ② 8. ① 9. ④ 10. ②

쓰기 p. 68
1. 1) 유지하기, 유지하는   2) 감싸, 감싸는
   3) 인정하고, 인정할

2. 1) 자연스러워서   2) 거들어
   3) 번거로운데   4) 정직하게

3. 1) 재미있기는커녕   2) 조리법대로

4. 1) 있다 → 없다   2) 오겠지요 → 오겠어요

5. 1) 비가 온다더니   2) 커피를 좋아한다기보다는
   3) 힘들거든

13. 논란거리

13-1. 사회 문제

| 어휘 | p. 74

1. 2) 논란이 되고   3) 갈등이 생기는
   4) 이해관계가 달라서 5) 입장이 달라서

2. 2) 해결책을 찾기   3) 항의하지
   4) 반대에 부딪혀서   5) 갈등을 해결하기는 / 풀기는

| 문법과 표현 ❶ | 동 -는지 동 -는지, 형 -은지 형 -은지
명 인지 명 인지 p. 76

1. 2) 좋은지 안 좋은지에
   3) 유리한지 불리한지
   4) 주말에도 문을 여는지 안 여는지
   5) 입어 봐도 되는지 안 되는지
   6) 딸인지 아들인지

2. 2) 시험 전에 개최할지 말지
   3) 매울지 안 매울지
   4) 어울릴지 안 어울릴지
   5) 버스가 빠를지 지하철이 빠를지

3. 2) 왜 매운 음식이 많은지
   3) 뭐라고 말하는지
   4) 누가 소감을 말할지
   5) 이 제품이 얼마나 잘 팔릴지

| 문법과 표현 ❷ | 동 형 -을지도 모르다, 명 일지도 모르다 p. 78

1. 2) 잘 먹을지도 몰라요   3) 추울지도 몰라
   4) 표가 없을지도 몰라   5) 늦을지도 몰라요

2. 2) 먹었을지도 몰라   3) 당첨됐을지도 몰라요
   4) 싸웠을지도 몰라   5) 물렸을지도 몰라

13-2. 의견과 비판

| 어휘 | p. 80

1. 2) 양해를 구하고   3) 피해를 입은
   4) 비난을 받을   5) 차별하는
   6) 제한하고

2.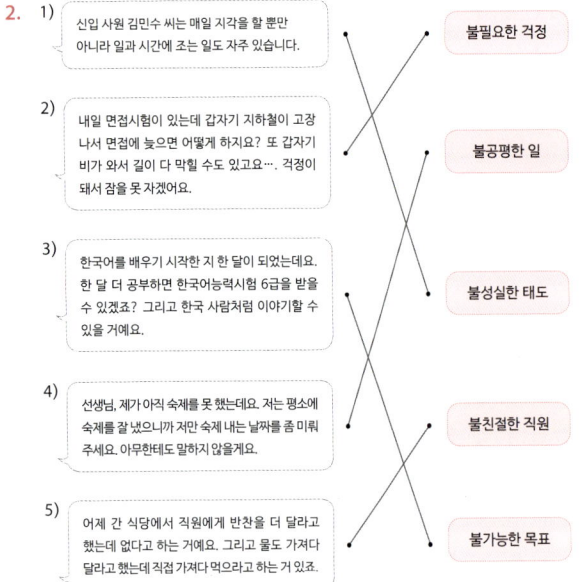

2.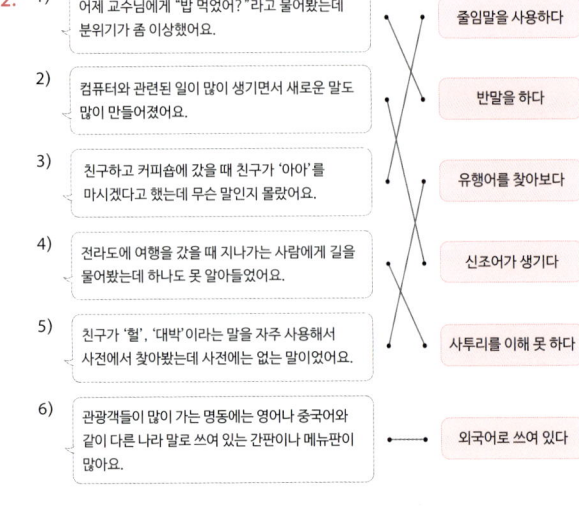

문법과 표현 ❸ 명과 달리   p. 82

1. 2) 1편과 달리 3) 형과 달리
   4) 예년과 달리 5) 중부 지방과 달리

2. 2) 보기와 달리 3) 첫인상과 달리
   4) 기대와 달리 5) 예상과 달리

문법과 표현 ❹ 동-느니 (차라리)   p. 84

1. 2) 일하느니 차라리
   3) 공포 영화를 보느니 차라리
   4) 신발을 신느니 차라리
   5) 발표를 하느니 차라리
   6) 노래를 하느니 차라리

2. 2) 거짓말을 해서 곤란해지느니 사실대로 말하는 게 나아
   3) 창업을 해서 고생하느니 회사에 계속 다니는 게 좋을 것 같아
   4) 계속 스트레스를 받느니 돈이 더 들어도 혼자 사는 게 낫겠어

14. 언어와 생활

14-1. 다양한 언어 사용

어휘   p. 88

1. 2) 의사소통이 잘돼서 3) 시간을 절약하기
   4) 오해가 생길 5) 안 좋은 인상을 줄
   6) 대화가 끊겼어요 7) 표현이 풍부해진

문법과 표현 ❶ 동-는 데다가, 형-은 데다가, 명인 데다가   p. 90

1. 2) 디자인이 독특한 데다가 3) 추운 데다가
   4) 불친절한 데다가 5) 좋은 데다가
   6) 사람도 많은 데다가

2. 2) 주말인 데다가
   3) 소화가 안 되는 데다가
   4) 점심을 먹은 데다가
   5) 평소에 관심을 갖고 있던 주제인 데다가
   6) 한국에서 5년 동안 산 데다가

문법과 표현 ❷ 동-기는 하는데, 형-기는 한데 명이기는 한데   p. 92

1. 2) 야식을 자주 먹기는 하는데
   3) 만족하기는 하는데
   4) 기분이 상쾌하기는 한데
   5) 직원들이 불친절하기는 한데

2. 2) 조금 다치기는 했는데
   3) 잠을 자기는 했는데
   4) 외모가 마음에 들기는 했는데
   5) 조금 힘들기는 했는데

14-2. 흥미로운 언어

어휘   p. 94

1. 2) 존댓말을 잘못 사용하는 3) 억양이 강한
   4) 사투리를 쓸 5) 감탄사를 많이 쓰면
   6) 말을 더듬어서

2. 2) 대충 짐작해
   3) 겨우 이해할
   4) 적당히 사용하면 / 쓰면
   5) 널리 알려지게 / 쓰게
   6) 습관적으로 사용하는

문법과 표현 ❸   명에 비해(서)   p. 96

1. 2) 다른 가게에 비해서
   3) 햄버거에 비해서
   4) 예전에 비해서
   5) 지하철역 근처에 비해서
   6) 처음 왔을 때에 비해서

2. 2) 월세에 비해서   3) 월급에 비해서
   4) 가격에 비해서   5) 노력에 / 준비한 거에 비해서

문법과 표현 ❹   명이며 명이며   p. 98

1. 2) 도로며 집이며   3) 돈이며 카드며
   4) 스포츠 센터며 카페며   5) 스페인어며 프랑스어며
   6) 샴푸며 칫솔이며

2. 2) 비빔밥이며 불고기며   3) 구두며 운동화며
   4) 발라드며 트로트며   5) 쿠키며 케이크며
   6) 부채며 손수건이며

15. 소중한 환경

15-1. 환경 문제와 원인

어휘   p. 102

1. 2) 공기가 오염되는   3) 바다가 오염돼서
   4) 땅이 오염돼서

2. 2) 석탄을 태우고   3) 매연을 배출하면
   4) 폐수를 버리면

문법과 표현 ❶   동-다가는   p. 104

1. 2) 야식을 자주 먹다가는 위염에 걸릴 수도 있어요
   3) 밤마다 청소기를 돌리다가는 이웃집에서 항의할 수도 있어요
   4) 덥다고 하루 종일 에어컨을 틀어 놓다가는 전기 요금이 많이 나올 거예요
   5) 귀찮다고 일회용 컵을 쓰다가는 쓰레기가 늘어날 거야

2. 2) 거짓말을 하다가는   3) 굶다가는
   4) 정리를 안 하다가는   5) 놀다가는

문법과 표현 ❷   동-는 사이(에)   p. 106

1. 2) 다른 일을 하는 사이에
   3) 친구와 전화하는 사이에
   4) 민수가 도서관에서 공부하는 사이에
   5) 부장님이 점심을 드시는 사이에
   6) 모르는 사이에

2. 2) 못 본 사이에   3) 화장실에 간 사이에
   4) 외출한 사이에   5) 자리를 비운 사이에

15-2. 환경 보호

어휘   p. 108

1. 2) 환경을 보호하기   3) 에너지를 아낄
   4) 분리해서 버려야   5) 대체할
   6) 대중교통을 이용하면서

2. 2) 파괴되고   3) 개발된다고
   4) 처리하지   5) 확대해야

문법과 표현 ❸   명으로 인해(서)   p. 110

1. 2) 음주운전으로 인해   3) 폭염으로 인해
   4) 스트레스로 인해   5) 지진으로 인해

2. 2) 배달 산업의 발전으로 인해 일회용품의 사용이 증가하고 있다
   3) 새로운 에너지 개발로 인해 환경을 보호할 수 있게 됐다
   4) 줄임말이나 신조어 사용으로 인해 대화가 끊기는 경우도 있다
   5) 대기 중의 이산화탄소 증가로 인해 지구의 온도가 높아져서 여러 문제가 발생하고 있다

문법과 표현 ❹   동-을 것이/게 아니라   p. 112

1. 2) 밤을 새워서 공부할 게 아니라
   3) 배달을 시킬 게 아니라
   4) 사람들이 많이 사는 색으로 살 게 아니라
   5) 포기할 게 아니라
   6) 참을 게 아니라

2. 2) 계속 기다릴 게 아니라 직원에게 물어보자
   3) 무조건 반대할 게 아니라 장점도 생각해 보십시오
   4) 주변 사람들의 조언에 따라 진로를 정할 게 아니라 적성에 맞는 전공을 찾아보세요

복습 5

듣기
p. 118

1. ① 2. ① 3. ④ 4. ③ 5. ②
6. ② 7. ① 8. ② 9. ② 10. ②

읽기
p. 120

1. ① 2. ③ 3. ③ 4. ④ 5. ④
6. ② 7. ③ 8. ③ 9. ④ 10. ②

쓰기
p. 124

1. 1) 생길, 생길 2) 절약하기, 절약할
   3) 부딪히는, 부딪혀서

2. 1) 논란이 되고 2) 마구 사용하다가는
   3) 제한하고 4) 표현이 풍부해지는

3. 1) 개발해야 하는지 말아야 하는지
   2) 케이크며 쿠키며

4. 1) 생겼다 → 생길 것이다
   2) 않았다 → 않는 게 낫겠다

5. 1) 발표 준비를 한 데다가
   2) 점심을 안 먹었을지도 몰라요
   3) 간 사이에

16. 동물과 식물

16-1. 반려동물의 의미

어휘
p. 130

1. 2) 우울증을 예방할
   3) 관리가 힘들
   4) 외로움을 달랠
   5) 배설물을 치우지
   6) 심리적 안정감을 높이면
   7) 집이 지저분해지지

2. 2) 가능성은 3) 다양성을
   4) 공격성이 5) 필요성이

문법과 표현 ❶ 동-어 대다
p. 132

1. 2) 짖어 대서 3) 웃어 대서
   4) 울어 대서 5) 전화를 해 대서
   6) 담배를 피워 대서

2. 2) 졸라 대서 3) 소리를 질러 대서
   4) 욕을 해 대서 5) 놀려 댔거든요

문법과 표현 ❷ 동형-더라도
p. 134

1. 2) 돌아가더라도 3) 실수하더라도
   4) 복잡하더라도 5) 생기더라도
   6) 불편하시더라도

2. 2) 읽더라도 3) 가더라도
   4) 듣더라도 5) 살더라도
   6) 공부하더라도

16-2. 멸종과 보호

어휘
p. 136

1. 2) 서식하는 3) 수족관에 가두면
   4) 멸종될지도 5) 번식시키기

2. 2) 먹이를 주지 3) 사냥을 금지하기로
   4) 서식지를 보호하기 5) 동물원을 만들어야

문법과 표현 ❸ 명에 의해(서)
p. 138

1. 2) 서울시에 의해 3) 유명한 감독에 의해
   4) 서울기업에 의해 5) 지나가던 시민에 의해

2. 2) 바이러스에 의해 3) 서울대학교 연구팀에 의해
   4) 학생들에 의해 5) 주민들의 요구에 의해
   6) 시민들에 의해

문법과 표현 ❹ 명마저
p. 140

1. 2) 바람마저 3) 마실 물마저
   4) 개마저 5) 재료를 살 돈마저

2. 2) 하나 남은 딸마저 3) 남은 한 마리마저
   4) 돈마저 5) 편의점마저
   6) 인턴 자리마저

17. 과학과 생활

17-1. 일상생활 속 과학

어휘 p. 144

1. 2) 골치가 아파   3) 호기심이 생겨서
   4) 흥미가 없다고   5) 흥미로운

2. 2) 유전적 특징이 나타나는   3) 유전자가 전달되는지를
   4) 유전될   5) 유전자를 찾아내면

문법과 표현 ❶ 동-고도 p. 146

1. 2) 보고도   3) 약속을 하고도
   4) 마시고도   5) 주고도

2. 2) 결혼을 하지 않고도   3) 사용하지 않고도
   4) 가지 않고도   5) 걷지 않고도

문법과 표현 ❷ 명이 아니라, 동-는 게 아니라, 형-은 게 아니라, 명인 게 아니라 p. 148

1. 2) 세탁기가 아니라 건조기야
   3) 소금이 아니라 설탕이에요
   4) 쓰레기가 아니라 자원이야
   5) 보호하는 곳이 아니라 가두는 곳이라고

2. 2) 타고나는 게 아니라 만들어지는 거라고
   3) 방이 넓은 게 아니라 가구가 별로 없어서
   4) 자는 게 아니라 눈만 감고 있는 거야
   5) 시험이 어려운 게 아니라 네가 공부를 안 한 것 같은데

3. 2) 옷이 줄어든 게 아니라
   3) 안 먹은 게 아니라
   4) 집에 간 게 아니라
   5) 파마한 게 아니라

17-2. 과학 지식의 활용

어휘 p. 150

1. 2) 새로운 사실을 발견했대요
   3) 쉽게 접할
   4) 과학 용어예요
   5) 현상을 이해하는

2. 1) 사람들은 두 개의 그림이 다르다고 하는데 제가 볼 때는 똑같은 것 같아요. 도대체 뭐가 다르다는 거지요? — 관찰력이 부족하다
   2) 보통 흙길이나 도로를 걸을 때는 잘 넘어지지 않는데 눈이 와서 미끄러운 길 위나 얼음 위에서는 쉽게 넘어져요. — 마찰력이 작아지다
   3) 우리 아버지는 10년 전에 있었던 일도 자세하게 알고 계셔서 예전 일이 생각이 안 날 때는 아버지한테 여쭤봐요. — 기억력이 좋다
   4) 다섯 번이나 설명을 들었는데도 무슨 이야기인지 잘 모르겠어요. 답답해서 죽겠어요. — 이해력이 떨어지다
   5) 스웨터를 입었는데 머리카락이 옷에 붙어서 잘 떨어지지 않아요. 따끔거릴 때도 있어요. — 전기력이 생기다
   6) 영화에 나온 배우의 표정을 보니까 말을 하지 않았는데도 어떤 감정인지 그대로 느껴졌어요. — 표현력이 뛰어나다

문법과 표현 ❸ 명뿐이다, 동형-을 뿐이다, 명일 뿐이다 p. 153

1. 2) 나나뿐이야   3) 아침 식사 시간뿐이에요
   4) 이 동물원뿐이에요   5) 만 원뿐이야

2. 2) 한 살이 많을 뿐인데
   3) 열이 좀 날 뿐이니까
   4) 일이 익숙하지 않을 뿐이니까
   5) 들어 줄 뿐이에요

3. 2) 한 번 빨았을 뿐인데
   3) 멍이 들었을 뿐이니까
   4) 이름이 바뀌었을 뿐이고
   5) 해야 할 일을 했을 뿐입니다

문법과 표현 ❹ 동-는다는 명, 형-다는 명, 명이라는 명 p. 156

1. 2) 신선로라는 음식입니다
   3) 무궁화라는 꽃입니다
   4) 제주도라는 섬입니다
   5) 장구라는 악기입니다
   6) 태권도라는 운동은

2. 2) 사람마다 다를 수 있지만 보통은 하고 싶지 않다는
   3) 습관은 바꾸기 어렵기 때문에 어렸을 때부터 좋은 습관을 길러야 한다는
   4) 음식의 온도가 시원한 게 아니라 몸의 느낌이 시원하다는

18. 잊지 못할 인연

18-1. 소중한 인연

어휘　　　　　　　　　　　　　　　　　p. 160

1. 2) 손꼽아 기다리고　3) 인연이 돼서
   4) 세상 참 좁네요　5) 점점 멀어지게

2. 2) 하나도 안 변했네 / 예전 그대로네
   3) 예전만 못해
   4) 예전 그대로야 / 하나도 안 변했어

문법과 표현 ❶　동/형-었더라면, 명이었더라면　p. 162

1. 2) 왔더라면　3) 늦게 샀더라면
   4) 갔더라면　5) 먹었더라면
   6) 화해했더라면

2. 2) 왔더라면　3) 낮았더라면
   4) 도착했더라면　5) 안 봤더라면
   6) 짧았더라면

문법과 표현 ❷　동/형-기는(요)　p. 164

1. 2) 다 싸기는　3) 힘들기는요
   4) 다 끝나기는　5) 좋기는요
   6) 이기기는요

2. 2) 잘하기는요　3) 좋기는요
   4) 깨끗하기는요　5) 고맙기는요
   6) 미안하기는

18-2. 추억

어휘　　　　　　　　　　　　　　　　　p. 166

1. 2) 세월이 쏜살같이　3) 처음 만난 게 엊그제 같은데
   4) 가슴속에 간직하고　5) 추억이 담겨 있어서

2. 2) 소개받아서　3) 평가받고
   4) 초대받은　5) 오해받은
   6) 존경받는

문법과 표현 ❸　동/형-었었-, 명이었었-　p. 168

1. 2) 들었었는데　3) 싫어했었는데
   4) 기다렸었는데　5) 썼었는데

2. 2) 많았었는데　3) 불편했었는데
   4) 예뻤었는데　5) 맑았었는데
   6) 사이였었는데 / 친구였었는데

문법과 표현 ❹　동-곤 하다　p. 170

1. 2) 파전을 먹곤 해요　3) 영상통화를 하곤 해요
   4) 게임을 하곤 해요　5) 따뜻한 물을 마시곤 하는데

2. 예
   2) 주말만 되면 가족들하고 외식을 하곤 했었어요
   3) 아침마다 공책에 단어를 20번씩 쓰곤 했었어요
   4) 저는 방학 때 부산에 사는 친척 집에 가곤 했었어요
   5) 긴장하면 다리를 떨곤 했었는데 지금은 그렇지 않아요

복습 6

듣기　　　　　　　　　　　　　　　　　p. 176

| 1. ③ | 2. ① | 3. ② | 4. ② | 5. ② |
| 6. ④ | 7. ③ | 8. ② | 9. ① | 10. ② |

읽기　　　　　　　　　　　　　　　　　p. 178

| 1. ③ | 2. ④ | 3. ② | 4. ③ | 5. ② |
| 6. ① | 7. ① | 8. ① | 9. ④ | 10. ③ |

쓰기　　　　　　　　　　　　　　　　　p. 182

1. 1) 담긴, 담겨 있어　2) 치우는, 치우지
   3) 보호하기, 보호해야

2. 1) 흥미로워서　2) 물려받은
   3) 인정받은　4) 발견한

3. 1) 코를 골아 대서
   2) 변하기는요

4. 1) 없을 → 없었을
   2) 못했다 → 못할 것이다

5. 1) 어려웠던 게 아니라　2) 듣고도
   3) 졸곤 했어요

집필진 Authors

장소원
Chang Sowon
서울대학교 국어국문학과 교수
Seoul National University Professor at the Department of Korean Language & Literature

파리 5대학교 언어학 박사
Ph.D. in Linguistics, University of Paris 5

이정덕
Lee Jeongdeok
서울대학교 언어교육원 대우전임강사
Seoul National University LEI Full-time Instructor

이화여자대학교 한국학(한국어교육 전공) 박사
Ph.D. in Korean Studies(Teaching Korean as a Foreign Language), Ewha Womans University

연준흠
Yeon Joonheum
서울대학교 언어교육원 대우전임강사
Seoul National University LEI Full-time Instructor

연세대학교 한국어교육정보학 박사
Ph.D. in Korean Language Education and Informatics, Yonsei University

장은정
Chang Eunjung
서울대학교 언어교육원 대우전임강사
Seoul National University LEI Full-time Instructor

이화여자대학교 외국어교육특수대학원 한국어교육학 석사
M. A. in TKSOL(Teaching Korean to Speakers of Other Languages), Ewha Womans University

번역 Translator

이수잔소명
Lee Susan Somyung
통번역가
Translator & Interpreter

서울대학교 한국어교육학 석사
M.A. in Korean Language Education as a Foreign Language, Seoul National University

감수 Supervisor

안경화
Ahn Kyunghwa
전 서울대학교 언어교육원 대우교수
Former Seoul National University LEI Professor

도와주신 분들 Contributing Staff

디자인 Design (주)이츠북스 ITSBOOKS
삽화 Illustration (주)예성크리에이티브 YESUNG Creative
녹음 Recording 미디어리더 Media Leader

서울대 한국어+
Workbook 4B

초판 1쇄 발행 2023년 6월 30일
초판 3쇄 발행 2024년 12월 20일

지은이	서울대학교 언어교육원
펴낸곳	서울대학교출판문화원
주소	08826 서울 관악구 관악로 1
도서주문	02-889-4424, 02-880-7995
홈페이지	www.snupress.com
페이스북	@snupress1947
인스타그램	@snupress
이메일	snubook@snu.ac.kr
출판등록	제15-3호

ISBN 978-89-521-3183-6 04710
     978-89-521-3116-4 (세트)

ⓒ 서울대학교 언어교육원 · 2023

이 책과 음원은 저작권법에 의해서 보호를 받는 저작물이므로
무단 전재와 복제를 금합니다.

Written by Language Education Institute, Seoul National University
Published by Seoul National University Press

Copyright ⓒ 2023 by Language Education Institute, Seoul National University

All rights reserved. No part of this publication may be reproduced in any form without the written permission from publisher.